서울대 행복연구센터의 행복 리포트

대한민국
행복 지도
2021
코로나19 특집호

서울대학교 행복연구센터 지음

KB058433

21세기북스

대한민국 행복지도 2021
코로나19 특집호

'우한 폐렴'이라는 이름으로 불리던 코로나19(이하 코로나)가 처음 발생했을 때만 해도 인류의 삶을 이렇게까지 바꿔 놓을 것이라고는 그 누구도 상상하지 못했다. 중국 우한 지방에서 발생한 미스테리한 폐질환 정도로만 여겨졌던 코로나는 2020년 12월 31일 기준으로 전 세계 총 8,235만 9,988명을 감염시켰고, 그중 180만 2,857명의 목숨을 앗아갔다(WHO, 2021). 한국에서도 같은 날 기준으로, 총 6만 740명의 확진자가 발생하여 그중 900명이 사망했다(질병관리청, 2020). 코로나의 전 방위적 확산과 그로 인한 막대한 피해를 감안해 WHO는 2020년 3월 11일에 코로나를 글로벌 팬데믹(global pandemic)으로 정식 선언했다.

코로나가 발생한 지 1년이 넘었지만, 지금까지 획기적인 치료제 개발은 이루어지지 않았고 백신의 개발 및 보급 역시 만족할 만한 수준에 이르지 못했다. 그뿐만 아니라 바이러스의 변이 속도도 빨라지고 있어서 코로나의 완전한 종식이 언제 이루어질지 속단하기 어려운 실정이다. 더욱이 코로나 방역이 성공적으로 이루어졌다고(flatten the curve) 여겨졌던 나라들에서도 2차, 3차 확산이 나타나고 있어서 코로나로 인한 피해가 눈덩이처럼 커지고 있다.

코로나로 인한 사회 경제적 파장: 뉴노멀의 시대

코로나가 변화시키지 않은 삶의 영역을 찾아볼 수 없을 정도로 인류의 삶 거의 모든 부분이 변했다. 경제, 교육, 종교, 여행, 결혼, 장례, 정치, 국제 관계 등 삶의 전 영역이 코로나 직격탄을 맞았다. "A global sudden stop"이라고 불릴 정도로 세계 경제가 멈췄고, 실물 경제 지표들은 악화됐다(Borio, 2020).

무역, 투자, 물가, 환율, 제조, 공급망 등 시장의 모든 부분이 악화됐고 고용 시장은 얼어붙었다. 농업과 같은 1차 산업도 호텔과 식당의 수요 감소로 인한 타격을 입었고, 여행, 숙박, 항공 같은 3차 산업도 직격탄을 맞았다(Nicola et al., 2020). 제조업의 부진 역시 심각했다. 전체적으로 보호무역이 강화되고 인적 교류가 약화되면서 탈세계화가 가속화되는 등 국제 경제에도 근본적인 변화의 바람이 불고 있다. 국내 경기에 미친 파장도 상상을 뛰어넘는 수준이다(한국경제연구원, 2020).

또한 학교는 문을 닫았고 수업은 비대면으로 전환됐으며, 결혼식과 장례식에도 커다란 변화가 생겼다. 심지어 종교의식도 비대면으로 진행되는 등, 삶의 전 영역에서 '뉴노멀'이 자리를 잡게 되었다(Dein et al., 2020; J. Lee et al., 2020; Lowe et al., 2020; Masonbrink & Hurley, 2020; Wagner et al., 2020).

코로나의 심리적 파장: 우리는 안녕했을까?

코로나의 영향은 생활세계에만 국한되지 않고, 우리의 정신세계에도 지대한 영향을 미쳤다. 많은 조사와 연구들이 코로나 기간 동안 인류의 정신 건강이 나빠졌음을 보고하고 있다. 외로움, 우울, 스트레스가 증가했고, 사람들은 삶의 의미를 상실했다(Arslan & Allen, 2021; S. A. Lee et al., 2020; Vindegaard & Benros, 2020; Xiong et al., 2020).

그렇다면 한국인의 정신세계는 어떤 영향을 받았을까? 우리의 마음은 과연 안녕했을까? 감염과 죽음에 대한 공포, 계속되는 사회적 거리두기로 인한 답답함과 지루함, 수입 감소와 경제적 불황으로 인한 삶의 질 감소, 여행과 야외 활동의 제약, 그리고 재택근무로 인한 스트레스. 이런 미증유(未曾有)의 상황에서 우리는 과연 얼마나 행복했을까?

이 책은 2020년 한 해 동안 대한민국 사람들의 행복에 대한 심층 분석을 담고 있다. 서울대학교 행복연구센터는 ㈜카카오와의 산학협력을 통해 2017년 하반기부터 한국인의 행복을 매일매일 측정하는 야심 찬 프로젝트를 진행해오고 있다(Choi et al., 2019; Choi et al., 2020). 하루 평균 약 4천 명의 사람들이 이 프로젝트에 참여해, 매년 100만 명 이상의 사람들이 자신의 행복에 대해 보고하고 있다. 한마디로 매일 4천여 명을 대상으로 하는 한국인의 행복에 대한 조사가 1년 365일 계속되고 있는 셈이다.

2020년에도 행복 측정은 계속됐다. 이 데이터베이스 덕분에 우리는 한국인의 마음과 행복이 코로나 기간에 어떤 영향을 받았는지를 자세하게 들여다볼 수 있었다. 코로나 기간 동안 국민의 정신 건강에 대한 다양한 조사와 연구가 진행되어 왔지만(Kim et al., 2020; Lee et al., 2021; J. Lee et al., 2020), 서울대학교-카카오 데이터베이스는 다른 조사와 연구가 갖지 못한 장점들을 지니고 있기 때문에, 코로나가 미친 심리적 영향에 대해 차별화된 분석을 할 수 있다.

첫째, 자료의 방대함이다. 2020년 한 해 동안 매일매일 한국인의 행복을 측정해왔기 때문에, 샘플 사이즈 면에서(총 참여자 143만 9,670명, 총 응답 건수 256만 7,046건) 압도적 우위를 지니고 있다.

둘째, 행복의 변화 궤적을 추정할 수 있다. 매일매일 행복을 측정해왔기 때문에, 코로나 최초 발생 및 대구, 경북 확산(2020년 1월 20일~2월 말), 2차 확산(2020년 8월 중순~9월 초), 3차 확산(2020년 12월)의 영향을 자세하게 확인해볼 수 있다.

셋째, 2020년과 2018년&2019년과의 비교가 가능하다. 코로나 기간 동안의 행복 수준이 코로나로 인한 것인지를 확인하기 위해서는 코로나 이전 데이터와 비교가 필수적이다. 이 비교 없이는 2020년의 행복 궤적이 코로나로 인한 것인지, 매년 반복되는 것인지를 확인할 방법이 없다. 다른 조사나 연구와는 달리, 서울대학교-카카오 데이터베이스에는 2018년&2019년의 매일매일의 행복 자료가 존재하기 때문에 이 비교가 가능하다.

넷째, 코로나가 행복에 미친 영향을 다양한 변수들과의 관계를 통해 분석할 수 있다. 코로나가 미친 영향이 모든 사람에게 동일하게 나타나는 것은 아니다. 사회계층, 성, 나이, 성격 등이 중요한 차이를 만들어낼 수 있다. 경제적 손실과 불확실성으로 인한 행복의 감소는 하위 계층에게서 강했을 가능성이 있고, 반대로 여행과 사회적 교류의 감소로 인한 행복의 감소는 상위 계층 사람들에게서 강했을 가능성이 있다. 또한 재택근무와 비대면 수업으로 인해 가사 노동과 보육의 부담이 여성에게 가중됐기 때문에 행복의 감소가 여성에게서 컸을 가능성이 있다. 사회적 거리두기로 인한 관계의 손실은 관계를 중시하는 외향적인 사람들에게서 강하게 나타났을 수도 있다. 이처럼 데이터가 없는 상황에서는 어느 쪽으로도 예상할 수 있다. 하지만 서울대학교-카카오 데이터베이스는 다양한 인구통계학적 변인들과 다양한 심리적 변인들을 포함하고 있으므로 이런 질문들에 대한 답을 제공해줄 수 있다.

본 보고서는 구체적으로 다음의 내용을 담고 있다.

❶ **2020년 행복의 궤적** — 코로나 기간 동안 대한민국 사람들의 매일매일의 행복 궤적은 어떤 모양이었을까?

❷ **연령과 성의 효과** — 나이 든 사람과 젊은 사람, 남자와 여자 중 누구의 행복이 더 감소했을까?

❸ **지역 효과** — 코로나 초기에 확진자가 집중됐던 대구, 경북 지역의 행복이 다른 지역보다 더 감소했을까?

❹ **성격 효과** — 외향적인 사람들이 더 힘들었을까, 내성적인 사람들이 더 힘들었을까?

❺ **계층 효과** — 여가를 즐길 기회가 줄어든 상위 계층의 행복 감소가 심했을까, 경제적 피해가 컸던 하위 계층의 행복 감소가 심했을까?

❻ **탄력성** — 왜 어떤 사람들은 이전의 행복을 누릴 수 있었을까? 그들의 심리적 노력은 무엇이었을까?

❼ **관계의 힘** — 타인이 감염의 위험이었던 코로나 기간 동안, 관계는 행복에 득이었을까, 독이었을까?

❽ **입국 금지의 심리학** — 왜 베트남은 우리나라에 대한 입국 금지를 서둘렀을까? 입국 제한 조치에 숨겨진 놀라운 심리학적 비밀

❾ **문화의 힘** — 왜 어떤 나라의 확진자 수는 계속해서 늘어나는 것일까? 감염의 대한 위협은 집단주의 성향을 높였을까?

Contents

PART 03 코로나로 밝혀낸 우리 사회의 비밀
감염병과 문화의 상호작용

●●

01

2020년 행복의 궤적

코로나 확산 추이에 따른 성별, 연령별, 지역별 행복 변화의 궤적

Korea Happiness Report

Happiness in 2020

코로나가 휩쓸고 간 2020년,
대한민국의 행복은 어떻게 변했을까?

코로나로 인한 행복 변화의 궤적

코로나로 인해 우리의 행복은 급락했을까? 아니면 개개인의 놀라운 회복탄력성에 힘입어 이전과 동일한 수준의 행복을 유지하고 있을까? 코로나와 심리적 웰빙의 관계를 정확하고 세밀하게 분석하기 위해 코로나가 행복에 미친 영향을 다각도로 살펴보았다.

코로나가 휩쓴 2020년 한 해 동안 대한민국 사람들은 과연 얼마나 행복했을까? 국내에서는 코로나 블루(Corona blue), 해외에서는 코로나 피로감(Corona fatigue)이라고 부르는 현상이 벌어지고 있다. 코로나로 인해 우리의 행복은 급락했을까? 아니면 개개인의 놀라운 회복탄력성(resilience)에 힘입어 코로나라는 미증유의 재난 속에서도 이전과 동일한 수준의 행복을 유지하고 있을까?

코로나와 심리적 웰빙의 관계를 정확하고 세밀하게 분석하기 위해서는 코로나가 행복에 미친 영향을 다각도로 살펴봐야 한다.

- **성별**: 학교가 문을 닫고 회사들이 재택근무를 하면서 가사와 육아의 부담이 가중된 여성의 행복 감소가 컸을까, 아니면 경제적 불확실성으로 인해 스트레스를 강하게 받은 남성의 행복 감소가 더 컸을까?
- **연령별**: 코로나 감염 시 사망 확률이 높은 노년층이 감염과 죽음에 대한 불안 때문에 행복의 감소를 더 많이 경험했을까, 아니면 사회적 거리두기로 인해 여가와 사회적 활동에 제약을 받은 청년층과 중년층의 행복 감소가 더 컸을까?
- **지역별**: 초기에 코로나가 급속도로 확산된 대구, 경북 지역 주민의 행복 감소는 다른 지역보다 더 컸을까?
- **계층별**: 수입 감소와 고용 불확실성으로 인한 저소득층의 행복 감소가 컸을까? 아니면 여가와 사교 활동의 제약으로 인한 고소득층의 행복 감소가 더 컸을까?
- 코로나 기간에도 행복을 유지한 사람들의 비결은 무엇일까?

이런 질문에 대한 답을 찾는 일은 코로나 기간 동안 변화한 행복 궤적을 정확하게 추정하는 것에서부터 시작된다. 그리고 이 추정 작업의 성공 여부는 데이터의 질(質)에 전적으로 좌우된다.

코로나가
행복에 미친
영향은 어떻게
알 수 있을까?

행복 측정에 필요한 요인

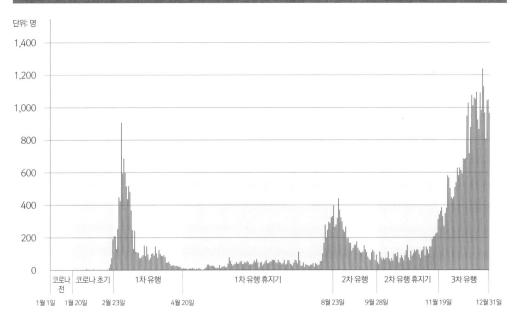

단위: 명

코로나
전 | 코로나 초기 | 1차 유행 | 1차 유행 휴지기 | 2차 유행 | 2차 유행 휴지기 | 3차 유행

1월1일 1월20일 2월23일 4월20일 8월23일 9월28일 11월19일 12월31일

우리의 심리적 웰빙이 코로나 사태의 전개에 따라 민감하게 변화했다면 한 번의 조사만으로는 코로나 기간의 행복 궤적을 파악하기가 매우 어려울 수밖에 없다.

코로나가 행복에 미친 영향을 체계적으로 분석하기 위해서는 다음 조건을 갖춘 양질의 데이터가 필요하다.

첫째, 코로나 전 기간의 행복을 확인할 수 있는 데이터가 필요하다. [그래프1]에서 볼 수 있듯이, 코로나는 단 한 번 벌어진 일회적 사태가 아니라 여러 차례의 유행(wave)이 반복된 사건이다.

국내에서는 2020년 한 해 동안 총 세 번의 유행이 발생했는데, 만일 우리의 심리적 웰빙이 코로나 사태의 전개에 따라 민감하게 변화했다면 한 번의 조사만으로는 코로나 기간의 행복 궤적을 파악하기가 매우 어려울 수밖에 없다. '언제' 조사했는가에 따라 행복의 변화 정도가 다르게 추정될 수 있기 때문이다. 따라서 코로나 기간 동안 지속적으로 축적된 데이터가 매우 중요하다.

실제로 국내외에서 코로나 기간 동안 달라진 행복 또는 정신건강의 변화를 규명하기 위해 많은 조사가 시행됐지만, 대부분 일회적으로 이루어졌기에 행복 궤적을 추적하기에는 한계가 있었다.

둘째, 코로나 이전과 비교 가능한 행복 궤적 데이터가 필요하다. 2020년의 행복 궤적이 코로나로 인한 것이라는 사실을 확신하기 위해서는 반드시 코로나 이전의 행복 데이터와 비교해야 한다. 그렇지 않으면 2020년의 행복 궤적이 코로나 기간이기에 발생한 것인지, 아니면 매해 반복되는 일상적인 패턴인지 구분하기 어렵다.

셋째, 대규모의 샘플 사이즈를 갖춘 데이터베이스가 필요하다. 행복 궤적이 성, 연령, 지역, 계층 등 다양한 인구통계학적 변인에 의해 어떻게 달라지는지 확인하기 위해서는 각 그룹을 대표하는 참여자의 수가 충분해야 하기 때문에 전체 샘플 사이즈가 방대해야 한다.

넷째, 인구통계학적 변인 외에도 다양한 심리적 특성을 측정한 데이터베이스가 필요하다. 코로나 기간 동안 강한 회복탄력성을 보인 사람이 어떤 특성을 가졌는지 확인하기 위해서는 관련된 다양한 심리적 특성들을 필수적으로 측정해야 한다. 사람들 간의 행복 궤적의 차이를 인구통계학적 변인으로 해석하는 것도 중요하지만, 이런 변인들은 노력으로 바꾸기 불가능하거나(예: 성, 연령) 단기간에 바꾸기 어려운(예: 계층, 지역) 것이 대부분이라, 어떻게 사는 게 행복에 좋은지 실천적 제안을 하기가 어렵다. 따라서 개인의 습관, 태도, 가치관 등 다양한 심리적 특징을 수집한 데이터베이스를 확보하는 것이 매우 중요하다.

[표1] 연도별 전체 참여자 특성

단위: 명

연령	2018년		2019년		2020년	
	참여자 수	%	참여자 수	%	참여자 수	%
10대	195,815	18.7	198,690	13.9	212,937	14.8
20대	485,974	46.6	595,542	41.7	519,964	36.1
30대	211,866	20.3	361,896	25.3	350,712	24.4
40대	108,229	10.4	193,354	13.5	229,355	15.9
50대	36,219	3.5	67,405	4.7	105,144	7.3
60대	5,508	.5	12,355	.9	21,558	1.5
성별	참여자 수	%	참여자 수	%	참여자 수	%
여성	807,899	77.4	1,018,051	71.2	1,069,533	74.3
남성	235,712	22.6	411,191	28.8	370,137	25.7
총 인원	1,043,611		1,429,242		1,439,670	
총 응답건수	2,270,675		2,884,618		2,567,046	

행복을 측정하는 방법

서울대-카카오 대한민국 행복 데이터베이스

서울대학교-카카오 행복 데이터베이스는 위 조건들을 충족시킨다. 서울대학교 행복연구센터와 ㈜카카오는 2017년 9월부터 매일매일 대한민국 사람들의 행복을 측정하는 프로젝트를 진행하고 있다.

이는 2018년 1,043,611명, 2019년 1,429,242명 그리고 2020년 1,439,670명이 참여한 방대한 프로젝트이기 때문에 성, 연령, 지역, 계층별로 충분한 샘플 사이즈를 확보하고 있다([표1]). 뿐만 아니라 자존감, 성격, 가치관, 스트레스 대처 유형 등 다양한 심리적 특징을 측정하고 있으므로 코로나 기간의 회복탄력성의 실체를 밝히는 데도 큰 도움을 줄 수 있다. 마지막으로 2018~2019년과 2020년의 행복 궤적을 비교할 수 있기 때문에 코로나 기간의 행복 궤적이 코로나로 인한 것인지 아닌지 명확하게 확인할 기회도 제공해준다.

여성 참여자의 수가 상대적으로 훨씬 많지만 남성 참여자의 규모 또한 결코 적지 않기 때문에 결과에 큰 영향을 주지 않을 것으로 판단된다. 또한 코로나가 정신건강에 미친 영향에 관한 학술 연구에서 남성보다 여성 참여자가 월등하게 많았다는 점도 참고할 필요가 있다(Xiong et al., 2020). 카카오 데이터에는 해외 참여자도 포함되어 있기 때문에 코로나 기간 한국인의 행복 궤적을 살펴보는 분석에는 해외 참여자를 제외한 데이터가 사용됐다([표1-1]), (Choi et al., in press).

[표1-1] 해외 참여자를 제외한 연도별 참여자 특성

단위: 명

연령	2018년 참여자 수	%	2019년 참여자 수	%	2020년 참여자 수	%
10대	165,317	16.6	197,997	13.9	211,483	14.7
20대	478,353	47.9	593,746	41.7	518,338	36.1
30대	207,670	20.8	360,541	25.3	349,326	24.4
40대	105,743	10.6	192,644	13.5	228,667	15.9
50대	35,561	3.6	67,100	4.7	104,817	7.3
60대	5,316	.5	12,141	.9	21,304	1.5
성별	참여자 수	%	참여자 수	%	참여자 수	%
여성	773,354	77.5	1,014,576	71.2	1,065,331	74.3
남성	224,606	22.5	409,593	28.8	368,604	25.7
총 인원	997,960		1,424,169		1,433,935	
총 응답건수	2,125,508		2,873,761		2,554,301	

코로나 기간 동안 행복의 변화 궤적은 다음 몇 가지 형태 중 하나로 나타날 가능성이 크다.

1) 행복은 유전의 영향을 강하게 받기 때문에 외부 환경의 변화에 크게 좌우되지 않는다. 따라서 2020년의 행복 궤적은 2018~2019년과 크게 다르지 않을 것이다.

2) 코로나가 우리 삶 전체에 미친 악영향을 감안할 때, 행복은 지속적으로 하락했을 것이다. 즉, 선형적으로 하락하는 패턴을 보일 것이다.

3) 1차 유행으로 인해 행복이 잠시 하락했지만 인간의 적응(adaptation) 능력으로 인해 그 이상의 추가 하락은 없을 것이다. 기준점 이론 (The set point theory)에 따라 예측해보자면 다시 제자리로 돌아왔을 가능성도 배제할 수 없다. 즉, 하락 후 유지되는 L자형 패턴 또는 하락 후 회복되는 U자형 패턴을 보일 것이다.

> **기준점 이론** 행복은 설정점(set point)이 존재하여 삶의 여러 사건으로 인한 일시적 변동은 있어도 결국 다시 원래 수준으로 회귀한다는 이론.

4) 세 번에 걸쳐 유행이 일어날 때마다 일시적으로 하락했다가 다시 회복하는 패턴을 보일 것이다. 즉, 총 세 번의 U자형 패턴이 반복될 것이다.

행복 궤적을 그리기 위해 우리는 서울대학교 행복연구센터에서 개발한 안녕지수를 사용했다. 안녕지수는 총 10개 문항에 대한 답으로 구성됐다([표2]). 이 문항들은 행복 연구에서 보편적으로 사용되는 행복 측정 도구에 기초해 제작됐으며, UN 행복지수를 비롯한 공신력 있는 해외 데이터와 비교 가능하도록 일부 문항(예: 삶의 만족 문항)은 국제 지수 개발에 사용된 문항과 동일하게 제작됐다.

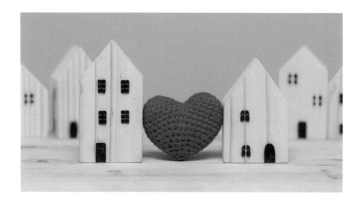

서울대학교-카카오 데이터베이스는 다음 10개 문항을 이용해 대한민국의 행복을 2017년 하반기부터 측정해오고 있다. 안녕지수는 '삶의 만족', '삶의 의미', '긍정정서', '부정정서', '스트레스'라는 5개 하위 지표로 구성돼 있다.

[표2] 안녕지수 문항

1 당신은 지금 당신의 삶에 얼마나 만족합니까? —————— 삶의 만족

2 당신은 지금 얼마나 의미 있는 삶을 살고 있다고 느낍니까? —————— 삶의 의미

3 당신은 지금 얼마나 행복합니까?

4 당신은 지금 얼마나 즐거운 감정을 느끼고 있습니까? —————— 긍정 정서

5 당신은 지금 평안한 감정을 얼마나 느끼고 있습니까?

6 당신은 지금 지루한 감정을 얼마나 느끼고 있습니까?

7 당신은 지금 짜증나는 감정을 얼마나 느끼고 있습니까?

8 당신은 지금 우울한 감정을 얼마나 느끼고 있습니까? —————— 부정 정서

9 당신은 지금 불안한 감정을 얼마나 느끼고 있습니까?

10 당신은 지금 얼마나 스트레스를 받고 있습니까? —————— 스트레스

← 실제 안녕지수 측정 화면

[그래프2]에서 확인할 수 있듯이 2020년 행복 궤적은 앞서 2)에서 예상한 선형적 하락 패턴과는 거리가 멀다. 3)에서 예상한 L자형이나 U자형 궤적도 아니다. 가장 유사한 건 4)에서 예측한 하락과 회복이 반복되는 패턴이다.

다만 4)의 예상처럼 U자형 패턴이 정확하게 세 번 반복된 궤적은 아니었다. 1)에서 예상한 것처럼 예년과 동일한 궤적이었는지는 2018~2019년과 비교해야 알 수 있으며, 이는 다음 장에서 자세히 기술할 예정이다.

[그래프2]를 통해 확인할 수 있는 중요한 사실 하나는 행복 데이터를 어느 시점에서 수집했는가에 따라, 그리고 어느 시점부터 어느 시점까지를 분석했는가에 따라 궤적의 모양이 다르게 나타날 수 있다는 점이다.

코로나 기간 동안의 행복 궤적

행복 궤적 분석으로 알게 된 4가지

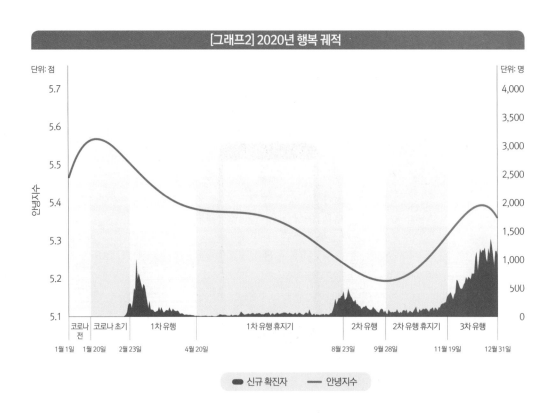

[그래프2] 2020년 행복 궤적

단위: 점
단위: 명

안녕지수

| 코로나 전 | 코로나 초기 | 1차 유행 | 1차 유행 휴지기 | 2차 유행 | 2차 유행 휴지기 | 3차 유행 |

1월 1일　1월 20일　2월 23일　　4월 20일　　8월 23일　9월 28일　11월 19일　12월 31일

● 신규 확진자　── 안녕지수

대한민국 국민의
행복이 코로나 유행에
민감하게 반응했다는
점에서 행복이
외부 환경 변화와
무관하게 존재하는
것이 아니라,
삶의 조건과
밀접하게 관련되어
있음을 알 수 있다.

만일 1차 유행부터 2차 유행 직전까지만 데이터를 수집했다면 2)에서 예상한 선형적 하락 패턴을 얻었을 가능성이 높고, 3차 유행 직전까지 데이터를 수집했다면 하락 후 회복, 즉 U사형(완벽하게 대칭적인 U 모양은 아니더라도) 패턴을 얻었을 가능성이 높다.

뿐만 아니라 만약 2021년 혹은 그 이후의 데이터까지 포함해 분석하게 된다면, 코로나 시기의 행복 궤적은 지금과 전혀 다른 모습이 될 수도 있다. 이는 코로나 전 기간에 걸친 자료 수집이 왜 중요한지를 분명하게 보여준다.

행복 궤적을 자세히 들여다보면 몇 가지 흥미로운 점을 배울 수 있다.

첫째, 대한민국 국민의 행복이 코로나 유행에 민감하게 반응했다는 점에서 행복이 외부 환경 변화와 무관하게 존재하는 것이 아니라, 삶의 조건과 밀접하게 관련되어 있음을 알 수 있다. 어려운 상황에서도 마음만 잘 관리하면 행복해질 수 있다는 극단적인 심리주의적 견해나, 행복은 유전의 산물이므로 환경 변화에 영향을 받지 않는다는 극단적 결정론자의 견해 모두 타당하지 않음을 보여준다.

둘째, 세 번에 걸친 유행 기간 동안 행복 수준이 최저점에 도달한 날은 일일 확진자 수가 정점에 이른 당일이 아니었다. 행복 점수는 확진자 수가 정점에 이른 후 지속적으로 하락하는 패턴을 보이다가 대략 한 달이 지난 시점에 최저점을 기록했다. 불안, 두려움 그리고 사회적 거리두기로 인한 지루함 등이 누적되면서 행복의 감소가 지속적으로 이루어지기 때문이었던 것으로 추측된다.

셋째, 행복이 감소한 정도는 1차 유행보다 2차 유행 때 더 큰 것으로 나타났다. 그래프에서 육안으로는 잘 확인되지 않지만, 세 번의 유행 기간에 행복 감소 정도(기울기)를 비교해 본 결과 2차 유행 때의 감소율이 1차 유행 때의 감소율이나 3차 유행 때의 감소율보다 더 큰 것으로 나타났다. 물론 3차 유행의 경우 그 파급 효과가 2021년 1월까지 지속됐을 가능성이 높으므로 2021년 데이터까지 함께 분석한다면 결과가 다르게 나올 수도 있다.

그럼에도 1차와 2차만을 비교해볼 때, 코로나 환자가 최초로 발생하고 대구·경북 지역을 중심으로 급속히 확산됐던 1차 유행 때보다 수도권 중심으로 발생한 2차 유행 때의 행복 하락이 더 크다는 점은 매우 흥미롭다. 1차 유행은 갑작스럽게 발생한 사건인 데 비해 2차 유행은 그간의 방역 노력으로 오랫동안 안정세를 보이던 중에 일어났다는 점이 영향을 미쳤을 것으로 추측된다.

특히 1차 휴지기 동안 총선도 실시할 수 있을 정도로 확산 속도가 급속도로 안정되었고, 외신은 이런 한국의 성과를 'K-방역'이라 극찬하면서 코로나 추세를 꺾은(flatten the curve) 극소수 나라들 가운데 하나로 우리나라를 치켜세웠다. 이런 기대와 낙관이 2차 유행과 함께 실망으로 변하면서 행복 하락이 유독 컸을 것으로 짐작된다.

넷째, 결과적으로 2020년 한 해 가장 행복이 낮았던 시기는 2차 유행 무렵이다. 8월 중순부터 시작된 2차 유행으로 인해 8월 말에는 행복이 가장 낮은 수준을 기록했다. 뒤에서 더 분명해지지만, 이는 그 이전 해에는 발견되지 않던 패턴이다. 2018~2019년의 경우 8~9월의 행복은 다른 달에 비해 결코 낮지 않았다.

> 2020년 한 해
> 가장 행복이 낮았던
> 시기는 2차 유행
> 무렵이다.
> 8월 중순부터 시작된
> 2차 유행으로 인해
> 8월 말에는
> 행복이 가장 낮은
> 수준을 기록했다.

2018~2019 vs. 2020 행복 궤적 비교

───────────

코로나 이전과 이후 달라진 행복 궤적

2020년의 행복이 3차에 걸친 유행에 민감하게 반응하면서 전체적으로 하락하는 패턴을 보인다는 점은, 이 패턴이 코로나로 인해 유발된 것임을 시사한다. 그러나 이런 하락 패턴이 2020년뿐 아니라 그 이전 해에도 나타났다면 2020년의 행복 궤적을 코로나로 인한 것이라고 주장하기는 어려울 것이다.

예를 들어 1차 유행 후의 하락과 2차 유행 후의 하락이 봄에서 여름, 그리고 여름에서 가을로 넘어가는 환절기에 매년 나타나는 패턴이라면 위에서 보고한 행복 궤적이 코로나로 인한 것이라는 주장은 설득력을 잃게 된다. 따라서 2020년의 행복 궤적을 이전 해의 궤적과 비교하는 작업은 필수다.

우리는 이를 위해 서울대학교 - 카카오 데이터베이스를 활용해 2018~2019년의 평균 행복 궤적과 2020년의 행복 궤적을 비교했다. [그래프3]에서 확인할 수 있듯이 2020년의 궤적은 2018~2019년의 평균 궤적과 매우 상이한 패턴을 보였다.

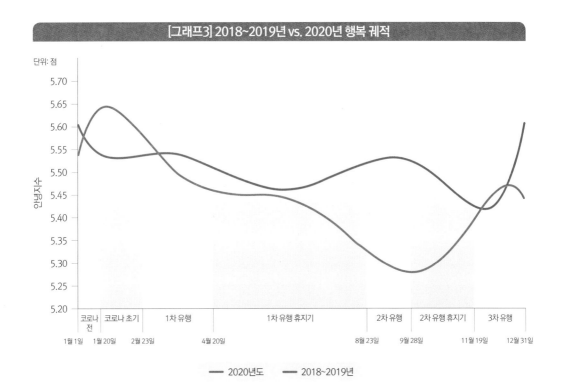

[그래프3] 2018~2019년 vs. 2020년 행복 궤적

단위: 점

안녕지수

5.70
5.65
5.60
5.55
5.50
5.45
5.40
5.35
5.30
5.25
5.20

코로나 전 | 코로나 초기 | 1차 유행 | 1차 유행 휴지기 | 2차 유행 | 2차 유행 휴지기 | 3차 유행

1월 1일　1월 20일　2월 23일　　4월 20일　　　　　8월 23일　9월 28일　11월 19일　12월 31일

── 2020년도　── 2018~2019년

2020년 연말에는
초고강도
사회적 거리두기가
시행되면서 오히려
행복이 감소하는
모습을 보였다.

우선 2018~2019년의 평균 궤적에는 2020년 궤적에 존재하는 전반적인 하락세가 존재하지 않았다. 뿐만 아니라 2020년 코로나 1~3차 유행 후에 나타난 하락세도 2018~2019년의 평균 궤적에는 존재하지 않았다.

둘째, 2018~2019년의 경우 여름에서 가을로 가는 시기에는 행복이 증가하는 패턴을 보였으나, 2020년에는 이 기간 동안 가파른 하락 패턴을 보였다.

셋째, 두 궤적을 비교하면 확인할 수 있듯이, 평균 행복의 차이는 시간이 지날수록 커졌다. 이는 2020년의 경우 코로나의 지속으로 시간이 갈수록 코로나 피로감이 커졌고, 2, 3차 유행까지 발생하면서 행복이 지속적으로 감소했기 때문이라고 추측할 수 있다.

넷째, 2018~2019년은 연말이 다가오면 행복이 증가하는 패턴을 보인 반면, 2020년에는 이런 연말 효과가 나타나지 않았다. 연말은 한 해를 되돌아보며 감사하는 마음을 가지고 새해를 희망적으로 기대하면서 행복이 증가하는 양상을 보인다. 그러나 2020년 연말에는 3차 유행에서 비롯된 '5인 이상 집합 금지' 등 초고강도 사회적 거리두기가 시행되면서 오히려 행복이 감소하는 모습을 보였다.

이상의 특징들은 2020년의 행복 궤적이 매년 반복되는 패턴이 아니라 코로나로 인해 생겨난 독특한 패턴이라는 점을 시사한다.

코로나 기간 행복 하위 지표 궤적

코로나 확산 추이에 따른 궤적 변화

행복의 각 하위 지표가 보이는 궤적을 따로 분석한 결과도 위 내용과 대동소이하다. 삶의 만족, 긍정정서, 부정정서, 삶의 의미 그리고 스트레스 모두 안녕지수 총합의 궤적과 유사하게 1차 유행 직후 하락했다가 2차 유행 휴지기에 잠시 반등하는 패턴을 보였지만 3차 유행이 시작된 이후 다시 하락하는 패턴을 보였다.([그래프4~8]). 긍정정서와 부정정서를 구성하는 개별 정서들을 따로 분석한 결과는 [그래프9~15]와 같다.

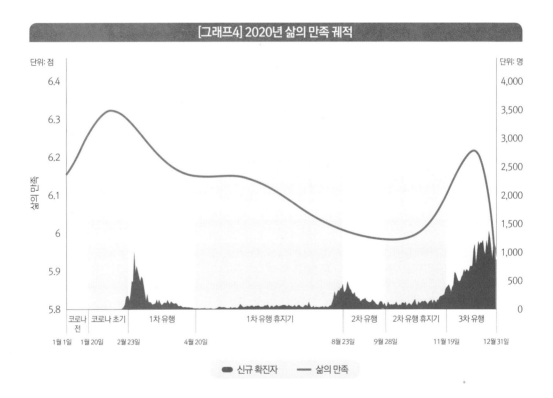

[그래프4] 2020년 삶의 만족 궤적

● 신규 확진자　── 삶의 만족

삶의 만족, 긍정정서, 부정정서, 삶의 의미 그리고 스트레스 모두
안녕지수 총합의 궤적과 유사하게 1차 유행 직후 하락했다가
2차 유행 휴지기에 잠시 반등하는 패턴을 보였지만
3차 유행이 시작된 이후 다시 하락하는 패턴을 보였다.

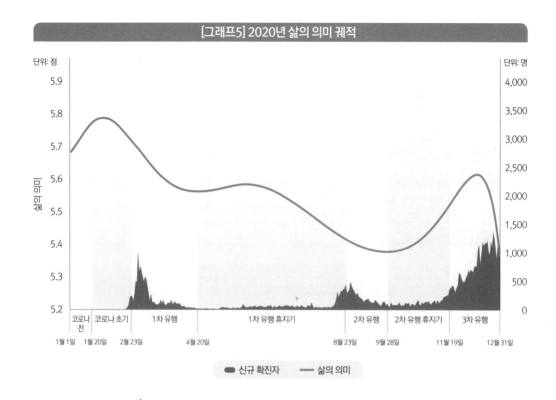

[그래프5] 2020년 삶의 의미 궤적

단위: 점

단위: 명

삶의 의미

| 코로나 전 | 코로나 초기 | 1차 유행 | 1차 유행 휴지기 | 2차 유행 | 2차 유행 휴지기 | 3차 유행 |

1월 1일　1월 20일　2월 23일　　4월 20일　　　　8월 23일　9월 28일　11월 19일　12월 31일

● 신규 확진자　　── 삶의 의미

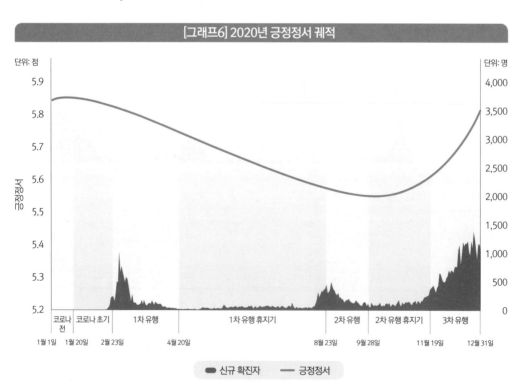

[그래프6] 2020년 긍정정서 궤적

단위: 점

단위: 명

긍정정서

| 코로나 전 | 코로나 초기 | 1차 유행 | 1차 유행 휴지기 | 2차 유행 | 2차 유행 휴지기 | 3차 유행 |

1월 1일　1월 20일　2월 23일　　4월 20일　　　　8월 23일　9월 28일　11월 19일　12월 31일

● 신규 확진자　　── 긍정정서

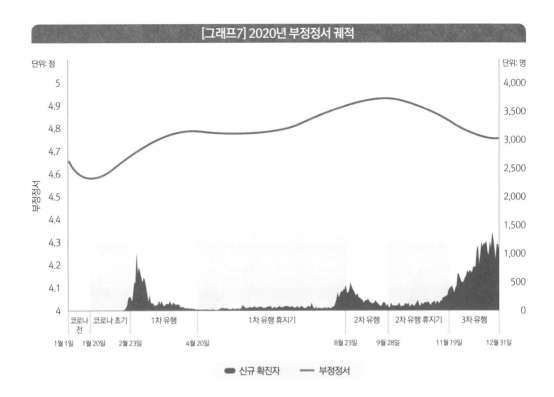

[그래프7] 2020년 부정정서 궤적

● 신규 확진자　　— 부정정서

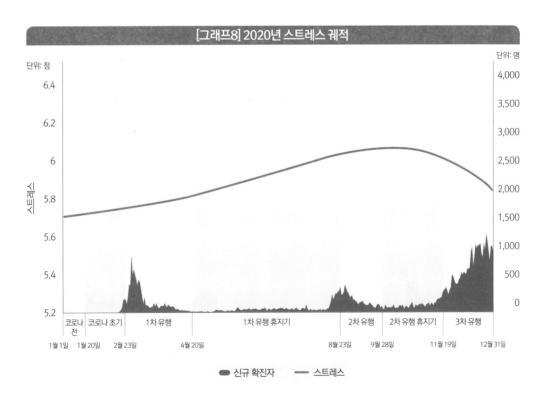

[그래프8] 2020년 스트레스 궤적

● 신규 확진자　　— 스트레스

[그래프9] 2020년 긍정정서 하위 지표-행복 궤적

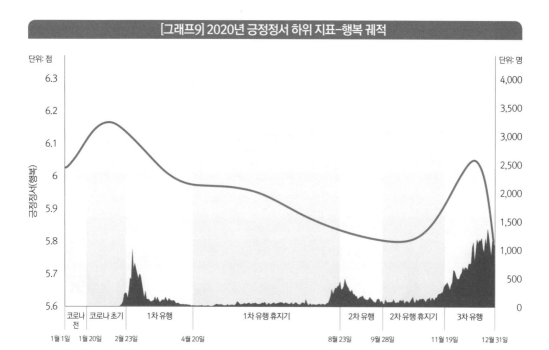

단위: 점

단위: 명

금정정서(행복)

6.3
6.2
6.1
6
5.9
5.8
5.7
5.6

4,000
3,500
3,000
2,500
2,000
1,500
1,000
500
0

코로나 전 | 코로나 초기 | 1차 유행 | 1차 유행 휴지기 | 2차 유행 | 2차 유행 휴지기 | 3차 유행

1월 1일　1월 20일　2월 23일　　　4월 20일　　　　　　8월 23일　9월 28일　11월 19일　12월 31일

● 신규 확진자 ── 행복

[그래프10] 2020년 긍정정서 하위 지표-즐거움 궤적

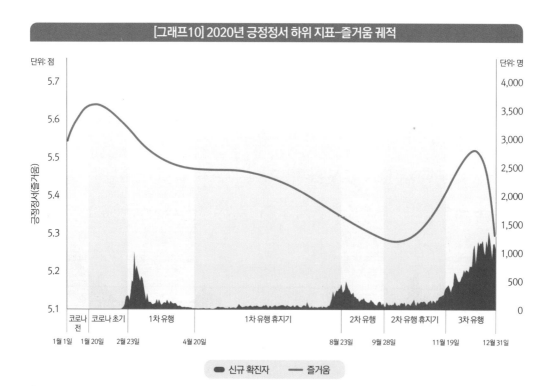

단위: 점

단위: 명

긍정정서(즐거움)

5.7
5.6
5.5
5.4
5.3
5.2
5.1

4,000
3,500
3,000
2,500
2,000
1,500
1,000
500
0

코로나 전 | 코로나 초기 | 1차 유행 | 1차 유행 휴지기 | 2차 유행 | 2차 유행 휴지기 | 3차 유행

1월 1일　1월 20일　2월 23일　　　4월 20일　　　　　　8월 23일　9월 28일　11월 19일　12월 31일

● 신규 확진자 ── 즐거움

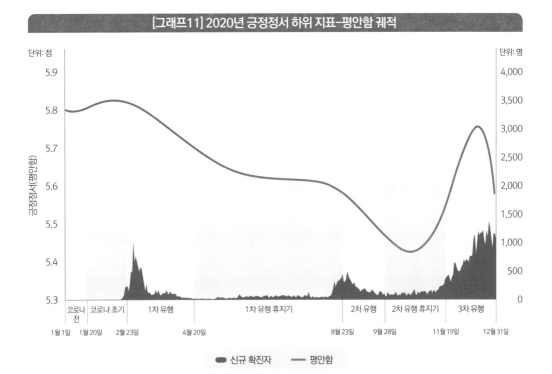

[그래프11] 2020년 긍정정서 하위 지표-평안함 궤적

단위: 점

단위: 명

긍정정서(평안함)

코로나 전 | 코로나 초기 | 1차 유행 | 1차 유행 휴지기 | 2차 유행 | 2차 유행 휴지기 | 3차 유행

1월 1일　1월 20일　2월 23일　　　　4월 20일　　　　　　　　8월 23일　9월 28일　11월 19일　12월 31일

● 신규 확진자　── 평안함

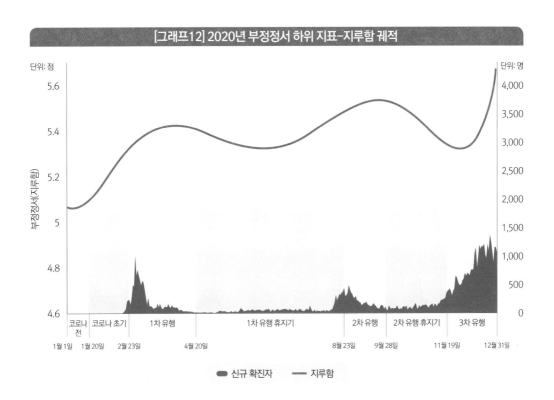

[그래프12] 2020년 부정정서 하위 지표-지루함 궤적

단위: 점

단위: 명

부정정서(지루함)

코로나 전 | 코로나 초기 | 1차 유행 | 1차 유행 휴지기 | 2차 유행 | 2차 유행 휴지기 | 3차 유행

1월 1일　1월 20일　2월 23일　　　　4월 20일　　　　　　　　8월 23일　9월 28일　11월 19일　12월 31일

● 신규 확진자　── 지루함

[그래프13] 2020년 부정정서 하위 지표-짜증 궤적

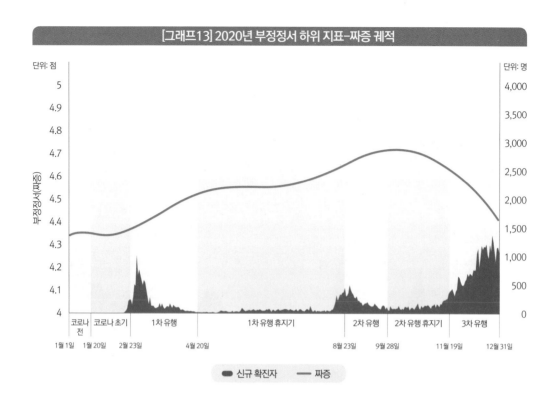

단위: 점

단위: 명

부정정서(짜증)

코로나 전 | 코로나 초기 | 1차 유행 | 1차 유행 휴지기 | 2차 유행 | 2차 유행 휴지기 | 3차 유행

1월 1일　1월 20일　2월 23일　　　4월 20일　　　　　　8월 23일　9월 28일　　11월 19일　12월 31일

● 신규 확진자　── 짜증

[그래프14] 2020년 부정정서 하위 지표-우울 궤적

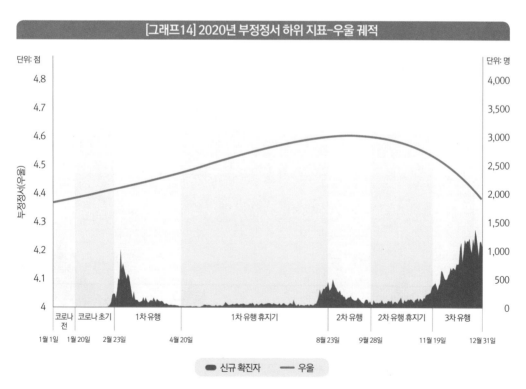

단위: 점

단위: 명

부정정서(우울)

코로나 전 | 코로나 초기 | 1차 유행 | 1차 유행 휴지기 | 2차 유행 | 2차 유행 휴지기 | 3차 유행

1월 1일　1월 20일　2월 23일　　　4월 20일　　　　　　8월 23일　9월 28일　　11월 19일　12월 31일

● 신규 확진자　── 우울

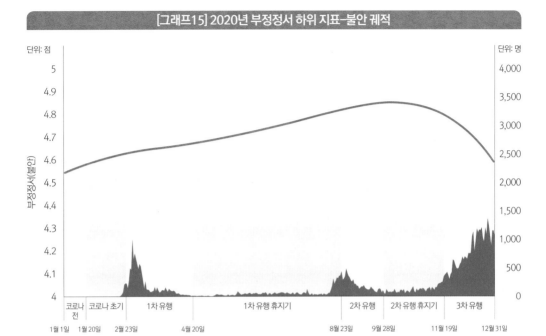

[그래프15] 2020년 부정정서 하위 지표-불안 궤적

단위: 점

단위: 명

부정정서(불안)

| 코로나 전 | 코로나 초기 | 1차 유행 | 1차 유행 휴지기 | 2차 유행 | 2차 유행 휴지기 | 3차 유행 |

1월 1일 1월 20일 2월 23일 4월 20일 8월 23일 9월 28일 11월 19일 12월 31일

● 신규 확진자　── 불안

지금까지 코로나가 한국인의 행복에 어떤 영향을 미쳤는지 다양한
지표와 분석 방법을 이용해 살펴봤다. 이제부터는 주요 인구통계학
적 변수를 중심으로 코로나의 영향이 모든 사람에게 동일하게 미쳤
는지 살펴보고자 한다.

Happiness in 2020

코로나로 인한 행복의 감소, 성별·연령별로 차이가 있을까?

○
●

성별, 연령별 행복 궤적

코로나 기간 동안 남성과 여성 중 누구의 행복이 더 감소했을까? 또한 연령에 따른 행복 차이는 어떠할까?

코로나가 심리적 웰빙에 미친 영향에 관한 연구는 미국, 스페인, 이탈리아, 중국 등 여러 나라에서 수행됐다(Ahmed et al., 2020; Mazza et al., 2020; Olagoke et al., 2020; Ozamiz-Etxebarria et al., 2020). 이 연구들이 공통적으로 밝혀낸 취약 그룹은 '여성', '젊은 연령층', '자가 격리를 한 그룹'이었다(Xiong et al., 2020). 우리나라에서도 동일한 결과가 나타날까? 먼저 성별에 따른 행복 궤적의 차이를 살펴보자.

남성과 여성 중 누가 코로나 기간에 더 큰 변화를 겪었을지 알아보기 위해 남성 368,604명(25.7%)과 여성 1,065,331명(74.3%)의 자료를 분석했다. 여성 참여자의 수가 압도적으로 많지만, 앞서 언급했다시피 이는 코로나가 미친 심리적 영향에 대한 국제 연구에서도 동일하게 나타나는 현상이다(Xiong et al., 2020). 분석에는 이들이 제공한 남성 564,821건(77.9%), 여성 1,989,480건(22.1%) 총 2,554,301건의 응답이 사용됐다.

먼저 2020년 성별 간 행복 평균값을 비교한 결과, 안녕지수 총점과 모든 하위 요소에서 여성의 평균값이 남성의 평균값에 비해 유의하게 낮게 나타났다(남성 M=5.37, SD=2.04, 여성 M=5.10, SD=2.05).

[그래프16]을 보면 여성의 행복 궤적이 남성의 행복 궤적보다 훨씬 아래에 있는 것을 확인할 수 있다. 그러나 평균값에서 보이는 성별 차이는 코로나 발생 전인 2018~2019년에도 지속적으로 관찰된 것이기 때문에 코로나로 인한 차이로만 해석하기 어렵다. 평소에도 존재하는 남녀 간 기저 수준의 차이도 반영돼 있다고 보는 편이 더 타당하다(Choi et al., 2019; Choi et al., 2020).

따라서 행복의 평균값 자체에 대한 분석을 넘어, 성별 간 행복의 궤적, 즉 행복 변화의 차이를 분석할 필요가 있다. 이미 앞에서 코로나로 인한 행복 감소는 1~3차 유행 직후에 두드러졌으며, 특히 2차 유행 직후에 가장 심하게 발생했음을 설명했다. 코로나로 인한 행복 감소가 여성에게 더 심하게 일어났다면, 단순한 평균값 비교가 아니라 각 유행 후의 감소율 차이를 비교하는 편이 더 타당할 것이다.

[그래프16]을 자세히 들여다보면 남성의 행복은 코로나 첫 발생인 1월 20일부터 12월 31일까지 2번의 '감소와 회복' 패턴을 보이는 W 형태를 그린다. 그러나 여성의 행복은 1월 20일부터 2차 유행이 발생한 9월까지 지속적인 하락을 보인다. 코로나 기간 남녀의 행복

**코로나 기간
남성과 여성의
행복 궤적**

성별 행복 궤적 비교

표준편차(SD: Standard deviation)
자료값이 평균을 중심으로 얼마나 흩어져 있는지를 나타내는 대표적인 수치. 표준편차가 0에 가깝다면 자료값이 평균값에 집중되어 있음을 뜻하며, 표준편차가 크면 자료값이 평균으로부터 멀리 떨어져 있음을 의미한다.

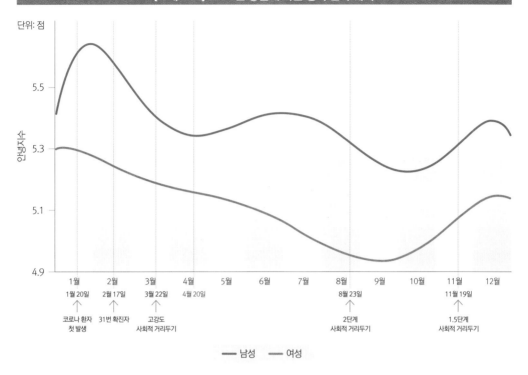

단위: 점

안녕지수

5.5

5.3

5.1

4.9

| 1월 | 2월 | 3월 | 4월 | 5월 | 6월 | 7월 | 8월 | 9월 | 10월 | 11월 | 12월 |

1월 20일   2월 17일   3월 22일   4월 20일   8월 23일   11월 19일

↑   ↑   ↑   ↑   ↑

코로나 환자   31번 확진자   고강도   2단계   1.5단계
첫 발생   사회적 거리두기   사회적 거리두기   사회적 거리두기

── 남성   ── 여성

비표준화 회귀계수(unstandardized regression coefficient)
X축의 값이 1 변화할 때의 Y축 값의 변화량을 뜻하며, b로 표기한다.

p값
p값은 귀무가설(영가설)을 기각할지 여부를 결정하는 가설 검정에서 사용되며, p값이 작을수록 귀무가설을 기각할 가능성이 크다. 특히, 각 회귀계수(b)에 해당하는 p값은 회귀계수가 0(무효과)일 것이라는 영가설을 테스트하며, p값이 일정한 유의도 수준(일반적으로 .05)보다 작으면 영가설을 기각한다.

변화를 좀 더 자세히 알아보고자, 전체 관찰 기간을 세 번의 유행을 중심으로 7개의 기간으로 나눠 살펴봤다([그래프17]).

먼저, 코로나 이전 기간과 비교했을 때 코로나 기간에 더 큰 감소를 보인 건 여성이었다[남성 M(코로나 전-행복 최저인 기간)=0.272, 여성 M(코로나 전-행복 최저인 기간)=0.306]. 이는 코로나가 여성의 행복에 더 큰 영향을 미쳤음을 보여주는 결과라 할 수 있다.

또한 1차 유행부터 2차 유행 그리고 2차 휴지기에 이르는 기간 동안의 행복 감소 정도를 비교한 결과, 여성의 행복 감소율(b=-.381, SE=.008, $p<.001$)이 남성의 감소율(b=-.246, SE=.009, $p<.001$)보다 유의하게 큰 것으로 나타났다. 즉, 이 기간 동안 남녀의 행복 격차가 더 심해졌다.

흥미롭게도 코로나 초기와 1차 유행 기간 사이의 행복 감소가 여성보다 남성이 더 큰 것으로 나타나는데[남성 M(코로나 초기-1차 유

행)=0.229, 여성 M(코로나 초기-1차 유행)=0.036] 이는 1차 유행에서
남성의 행복이 많이 감소했기 때문이라기보다는 정확한 이유는 알
수 없지만 1차 유행 이전 기간에 남성의 행복이 유독 높았기 때문
인 것으로 보인다. 3차 유행으로 인한 행복의 감소 정도는 2021년
1월까지의 데이터를 함께 분석해야 정확한 해석이 가능할 것으로
보인다.

결과적으로 코로나 기간에도 남녀의 행복 평균은 예년과 마찬가지
로 차이가 존재했으나, 행복 감소 정도는 여성에게서 더 크게 나타
났다. 특히 1차 유행부터 2차 휴지기까지 나타난 감소폭은 남성보
다 여성에게 유의하게 큰 것으로 확인된다.

서울대학교-카카오 데이터베이스는 개인 사생활 보호를 고려해
가정주부와 워킹맘, 미혼과 기혼, 자녀가 있는 가정과 없는 가정을
구분하는 질문을 포함하지 않았다. 따라서 여성의 행복 감소가 모든
여성에게 동일하게 나타난 건지, 아니면 특정 집단의 여성에게서 더
심한지 분석하기는 불가능하다. 추후 연구를 통해 더 규명돼야 할
문제라고 할 수 있다.

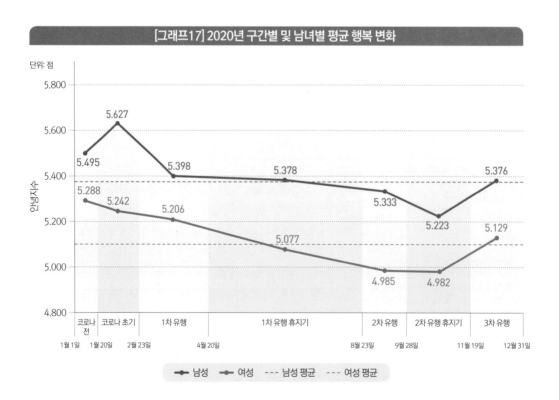

[그래프17] 2020년 구간별 및 남녀별 평균 행복 변화

여성의 행복 감소가 더 심했던 이유

코로나 기간 동안 왜 여성의 행복이 더 크게 감소했을까? 서울대학교-카카오 데이터베이스 자체에서 구체적인 이유를 찾을 수는 없지만, 여러 논문과 매체에서 다음 몇 가지 이유가 언급됐다.

팬데믹 기간에 전 세계적으로 취업과 가사 노동 부분에서 남녀 격차가 증가했다(Azcona et al., 2020; Burki, 2020; Dang & Viet Nguyen, 2020; Lee et al., 2021). 특히 보육 부담과 경제적 어려움이 남성보다 여성에게 가중되어, 여성의 행복이 더 큰 타격을 받았다. 구체적으로 살펴보자면 다음과 같다.

첫째, 보육 부담 증가가 여성에게 집중됐다. 전 세계적으로 약 1.52억 명의 학생이 등교 중단으로 학교에 가지 못했고(Burki, 2020) 한국 또한 2020년 1학기 등교를 전격적으로 미룬 뒤 2021년 1학기가 시작된 지금까지도 정상 등교가 실시되지 않았다.

미취학 아동의 보육을 담당하는 기관도 적극적으로 가정 보육을 권장했다. 학교와 보육시설이 담당하던 돌봄과 학습 관리의 역할이 여성에게 불균형적으로 부과되면서 일상생활에 더 큰 부담을 초래했을 것이다(Azcona et al., 2020).

둘째, 코로나 팬데믹으로 발생한 실업률에 남녀 차이가 있었다. 최근 한국 여성가족부 발표에 따르면 코로나 여파로 인한 여성의 취업률 감소가 남성보다 1.75배나 높았다고 한다(Newsis, 2021). 해외 여러 나라에서도 팬데믹 록다운(lock down)으로 인한 여성 일자리 감소가 보고됐다(Burki, 2020).

팬데믹 기간에 전 세계적으로 취업과 가사 노동 부분에서
남녀 격차가 증가했다. 특히 보육 부담과
경제적 어려움이 남성보다 여성에게 가중되어,
여성의 행복이 더 큰 타격을 받았다.

일반적으로 비정규직 혹은 대면 서비스 업종에 여성의 비율이 더 높은 점을 고려하면, 여성이 남성보다 일자리를 더 많이 잃었거나 또는 실직에 대한 불안을 더 많이 느꼈을 수 있다.

과거 에볼라 발생 시기(2013~2016년)에도 여성은 남성보다 높은 실업률을 보였고, 다시 일자리를 찾는 데 상당한 시간이 걸렸다고 한다(Burki, 2020). 코로나 기간에 여성에게 더욱 불리했던 불안정한 고용 환경이 여성 행복 감소의 주요 원인으로 작용한 것으로 볼 수 있다.

코로나 감염으로 인한 사망률은 여성보다 남성에게서 더 높게 나타났다(Jin et al., 2020; Parohan et al., 2020; Sharma et al., 2020). 하지만 코로나로 인한 행복 감소는 남성보다 여성에게서 더 두드러졌다. 코로나의 영향을 논할 때, '코로나 감염(infected)에 의해 야기된 것'과 '코로나에 영향(affected)을 받아 생긴 것'을 구별해야 함을 보여주는 결과라고 할 수 있다(Burki, 2020). 남은 코로나 기간에 여성, 특히 어린 자녀를 둔 어머니에게 미치는 부정적인 영향을 완화하기 위한 노력이 절실하다는 것을 보여주는 결과다.

코로나 기간 연령에 따른 행복 궤적

연령별 행복 궤적 비교

코로나는 젊은 사람보다 60세 이상 노년층의 건강을 더 크게 위협하는 것으로 밝혀졌다(Choe et al., 2020; Dowd et al., 2020). 그렇다면 심리적 영역인 행복에서도 코로나는 젊은 연령층보다 나이 많은 연령층에게 더 위협적일까? 아니면 나이가 많은 사람들은 감정적으로 안정되고 실존적 위협에 잘 대처하기 때문에(Burr, Castrellon, Zald, & Samanez-Larkin, 2020; Röcke, Li, & Smith, 2009) 코로나로 인한 행복 감소를 덜 겪을까?

이 질문에 답하기 위해 우리는 연령에 따른 행복 차이를 살펴봤다. 2020년 안녕지수 프로젝트에 참여한 연령별 인원은 다음과 같다.

[표3] 안녕지수 프로젝트 연령별 비율		
연령	참여자 수	%
10대	211,483	14.7
20대	518,338	36.1
30대	349,326	24.4
40대	228,667	15.9
50대	104,817	7.3
60대 이상	21,304	1.5
총 인원	1,433,935	100

연령에 따른 행복 평균의 차이를 먼저 살펴보면([그래프18]) 기존 연구 결과와 일치하게 U자형 패턴이 나타난다. 10대에서 30대로 가는 동안 행복이 하락하지만, 그 이후부터 반등하기 시작해 60대에 이르면 10대의 점수를 뛰어넘는 양상을 보인다. 그러나 이런 양상은 2018년, 2019년에도 동일하게 발견되므로 코로나의 영향이라고 말할 수 없다.

10대에서 30대로 가는 동안 행복이 하락하지만,
그 이후부터 반등하기 시작해 60대에 이르면
10대의 점수를 뛰어넘는 양상을 보인다.

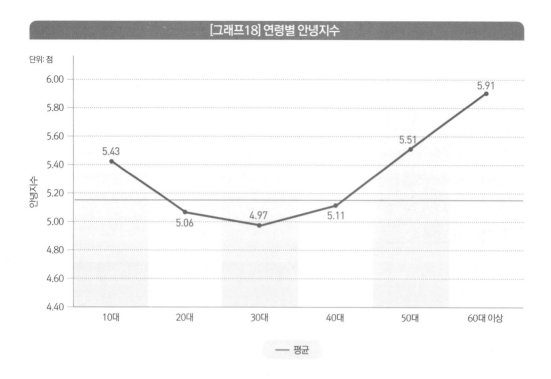

[그래프18] 연령별 안녕지수

단위: 점

안녕지수

- 6.00
- 5.80
- 5.60
- 5.40
- 5.20
- 5.00
- 4.80
- 4.60
- 4.40

10대 5.43
20대 5.06
30대 4.97
40대 5.11
50대 5.51
60대 이상 5.91

— 평균

우리의 관심은 연령별 행복 평균의 차이가 아니라 연령에 따른 행복 궤적의 차이다. 이를 위해 우리는 서울대학교-카카오 데이터베이스 응답자 비율에 맞춰, 연령대를 10~20대, 30~40대, 50대 이상 3그룹으로 나눠 분석했다.

연령별 행복 궤적 비교에서
가장 두드러지는 점은
50대 이상의 행복 궤적과 달리
10~20대와 30~40대가 보이는
궤적의 진폭이 크다는 사실이다.

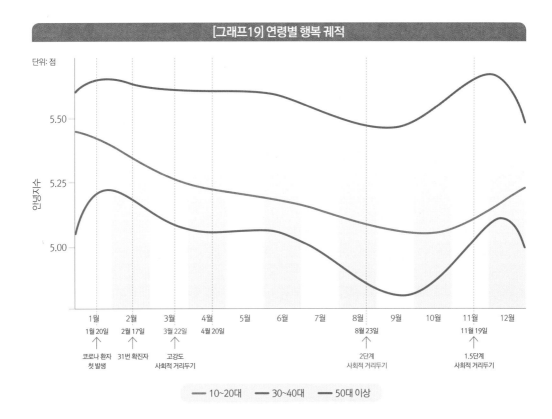

[그래프19] 연령별 행복 궤적

단위: 점

연녕지수

1월
1월 20일
↑
코로나 환자
첫 발생

2월
2월 17일
↑
31번 확진자

3월
3월 22일
↑
고강도
사회적 거리두기

4월
4월 20일

5월

6월

7월

8월
8월 23일
↑
2단계
사회적 거리두기

9월

10월

11월
11월 19일
↑
1.5단계
사회적 거리두기

12월

— 10~20대   — 30~40대   — 50대 이상

연령별 행복 궤적 비교에서([그래프19]) 가장 두드러지는 점은 50대 이상의 행복 궤적과 달리 10~20대와 30~40대가 보이는 궤적의 진폭이 크다는 사실이다. 50대 이상의 경우 행복 변화가 크지 않은 반면 10~20대와 30~40대의 행복은 2차 유행 기간까지 상대적으로 가파르게 감소했다.

코로나 확산 사태가 심각해지면서 고강도 사회적 거리두기가 실시된 1차 유행(2/23~4/19)과 2차 유행(8/23~9/27) 기간에 행복이 가장 급속하게 하락한 연령대는 30~40대인 것으로 나타났는데, 특히 전 연령대에서 행복 감소가 가장 심했던 2차 유행 기간에는 어느 연령대보다 더 큰 감소폭을 보였다.

사회적 거리두기가 시행된 시기에도 50~60대의 행복은 이전과 큰 차이가 나지 않았으며, 잠시 감소하다가도 빠른 회복력을 보였다. 전체적인 행복 수준에서는 연령층에 따라 시기별로 각기 다른 패턴을 보이나, 삶의 만족과 삶의 의미 부분에서는 30~40대와 50~60대가 비슷한 패턴을 보였다([그래프20-21]). 1차, 2차 유행 기간을 거치며 지속적으로 감소하던 삶의 만족과 의미가 추석 연휴 이후인 10월 11일 이후로 다시 회복되는 양상이 매우 비슷한 모습으로 나타났다.

그러나 10~20대는 코로나 기간을 거치면서 삶의 만족과 의미가 계속해서 흔들리는 모습을 보였다. 특히 1차 유행과 고강도 사회적 거리두기가 시행됐을 때 삶의 만족과 의미가 급격하게 하락하는 양상이 나타났다. 즉, 코로나가 시작되고 처음으로 고강도 사회적 거리두기를 경험했을 때 삶의 만족과 의미에 가장 큰 타격을 받은 연령층은 제일 활동적인 젊은 층임을 확인할 수 있다.

코로나가 시작되고 처음으로 고강도 사회적 거리두기를 경험했을 때 삶의 만족과 의미에 가장 큰 타격을 받은 연령층은 가장 활동적인 젊은 층임을 확인할 수 있다.

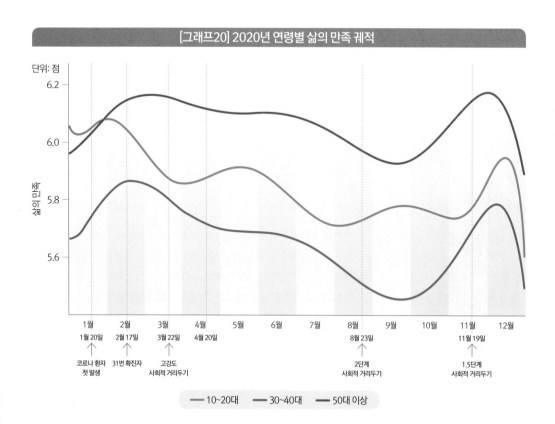

[그래프20] 2020년 연령별 삶의 만족 궤적

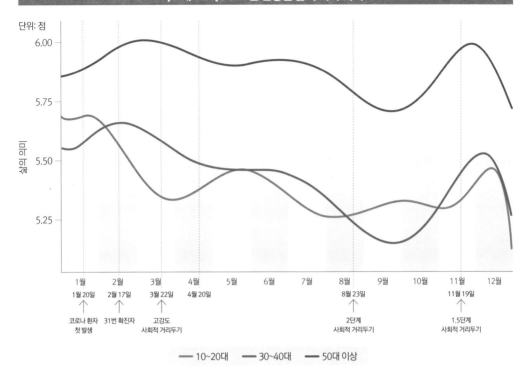

단위: 점

삶의 의미

6.00

5.75

5.50

5.25

1월   2월   3월   4월   5월   6월   7월   8월   9월   10월   11월   12월

1월 20일   2월 17일   3월 22일   4월 20일   8월 23일   11월 19일

↑   ↑   ↑

코로나 환자   31번 확진자   고강도   2단계   1.5단계
첫 발생   사회적 거리두기   사회적 거리두기   사회적 거리두기

── 10~20대   ── 30~40대   ── 50대 이상

반면 50~60대의 경우 전반적인 행복과 마찬가지로, 다른 연령층에 비해 삶의 만족과 의미에서도 가장 변동 폭이 작았으며, 모든 연령 층을 통틀어 가장 높은 삶의 만족과 의미를 코로나 기간 내내 유지 했다.

50~60대가 행복을 잘 유지한 이유

연령별 행복 궤적 비교 결과는 코로나 기간 동안 50대 이상의 사람 들이 다른 연령대에 비해 전반적인 행복, 삶의 의미와 만족 모든 면 에서 가장 안정적인 모습을 유지했음을 보여준다.

이를 통해 아이러니하게도, 50대 이상의 사람들은 젊은 사람들에 비해 신체적으로는 코로나에 더 취약하더라도 심리적으로는 더 강 하다는 흥미로운 결론을 내릴 수 있다. 코로나가 나이가 많은 사람 들의 건강에 더 위협적임에도 불구하고 왜 이런 놀라운 결과가 나 타난 걸까?

사회적 거리두기는 사실상 50~60대의
평소 생활습관과 유사하다고 볼 수 있다. 그렇기 때문에
다른 연령대에 비해 상대적으로
기존 일상의 변화를 덜 겪고, 코로나로 인한
심리적 타격 또한 덜 받았을 것이라고 짐작할 수 있다.

한 가지 가능성으로 생각할 수 있는 것은 사회 정서적 선택성 이론
(Socioemotional selectivity theory; Carstensen, 1992)이다. 이 이론에
따르면 사람은 나이가 들면서 밀접하고 긍정적인 관계를 우선시하
는데, 그 결과 기존의 사회적 네트워크를 자발적으로 점점 더 좁히
고 자신이 즐기는 것으로 사회 활동을 제한한다. 이런 행동 변화가
나타나는 이유는 나이가 들면서 남은 시간이 부족하다는 걸 인식하
고, 주어진 시간을 최대한 잘 활용하길 원하기 때문이다.

그러므로 이 이론에 따르면 사회적 거리두기는 사실상 50~60대의
평소 생활습관과 유사하다고 볼 수 있다. 그렇기 때문에 다른 연령
대에 비해 상대적으로 기존 일상의 변화를 덜 겪고, 코로나로 인한
심리적 타격 또한 덜 받았을 것이라고 짐작할 수 있다.

또 다른 가능성으로는 나이 많은 연령층이 젊은 연령층에 비해 자
기 감정을 잘 다스리고 삶의 위기에 잘 대처하는 능력이 있기 때문
이라고 생각할 수 있다(Carstensen, Fung, & Charles, 2003; Ready,
Åkerstedt, & Mroczek, 2012).

나이 많은 사람들은 젊은 사람들에 비해 문제를 해결할 때 주변의
조화를 고려하며 좀 더 유연한 전략들을 생각한다(Blanchard-Fields
et al., 1997). 그리고 삶에서 소중히 여기던 것을 포기해야 하는 상
황에서도 그 이면의 좋은 점들을 떠올리려는 습관도 나이를 먹으며
서서히 가지게 된다(Heckhausen & Schulz, 1995).

즉, 나이가 들면서 가지게 되는 지혜와 연륜이 코로나 같은 힘든 상
황에서 50~60대가 행복을 잘 유지할 수 있도록 영향을 발휘한 결
과라고도 볼 수 있다.

코로나 기간 동안 50대 이상의 사람들이
다른 연령대에 비해 전반적인 행복, 삶의 의미와 만족 모든 면에서
가장 안정적인 모습을 유지했다.

Happiness in 2020

코로나로 인한 행복의 감소, 지역별로 차이가 있을까?

대구와 타 지역의 행복 비교

코로나 확진자 및 사망자 수는 국가 간에도 큰 차이가 있었지만, 국내 지역별로도 차이를 보였다. 특히, 1차 유행 기간 동안 대구, 경북 지역에서 대부분의 환자가 발생했다. 그렇다면 코로나 초기 확진자가 집중됐던 대구·경북 지역의 행복이 다른 지역보다 감소했을까?

코로나 확진자 및 사망자 수는 국가 간에도 큰 차이가 있었지만, 국내 지역별로도 차이를 보였다. 특히, 1차 유행 기간 동안 대구, 경북 지역에서 대부분의 환자가 발생했다. [그래프22]에서 볼 수 있듯이, 3월 한 달 동안 확진자의 79.64%가 대구, 경북 지역에서 발생했다. 그렇다면 1차 유행 기간 동안 대구, 경북 지역에서 행복의 감소도 두드러졌을까?

코로나는 대구, 경북 지역의 경제에 큰 타격을 입혔다. 한국은행에서 발표한 지역경제보고서(2020. 03)에 따르면, 대구, 경북 지역의 1/4분기 경기는 전분기에 비해 큰 폭으로 악화됐다.

특히 대구 지역의 경기 침체가 두드러졌는데, 지난해의 같은 분기와 비교했을 때 대구지역 소매 판매는 9.9% 감소했으며, 취업자 수 역시 3만 5천 명 감소했다(동북지방통계청, 2020).

코로나 확산이 대구, 경북의 행복에 미친 영향

지역별 행복 궤적 비교

코로나로 인한 피해는 지역경제에 그치지 않았다.
대구, 경북 지역 사람들의 마음에도 타격을 입힌 것으로 나타났다.

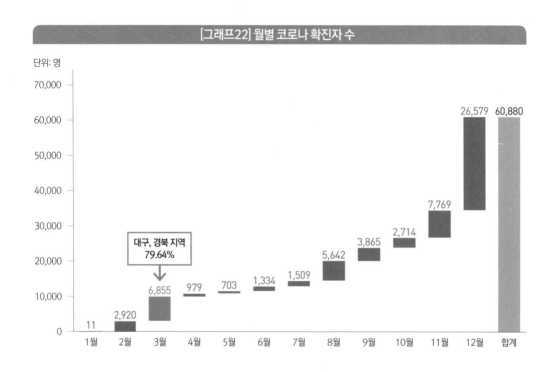

[그래프22] 월별 코로나 확진자 수

단위: 명

코로나로 인한 피해는 지역경제에 그치지 않았다. 대구, 경북 지역 사람들의 마음에도 타격을 입힌 것으로 나타났다. 한국리서치의 정기조사 결과에 따르면, 2월 11일~2월 13일(1차 조사) 당시 대구, 경북 지역 사람들이 경험하는 부정적 감정(걱정, 두려움, 슬픔, 분노, 우울)은 44점이었으나, 2월 28일~3월 2일에 진행된 2차 조사에서는 60.9점으로 상승했다(한국리서치, 2020, 02; 한국리서치, 2020, 03).

그러나 이런 조사의 대부분이 특정 기간에 국한된 일회성 조사이거나 1,000명 미만의 참여자들을 대상으로 했다는 점에서 조사 결과에 대한 해석에 주의를 기울일 필요가 있다.

전체 응답자 수 1,433,935명 가운데 대구 지역 응답자 수는 67,457명(4.7%), 경북 지역 응답자 수는 44,947명(3.1%)로 총 112,404명(7.8%)이 응답했다. 본 조사에 응답한 대구, 경북 지역 거주민 수는 우리나라 전체 인구 중 대구, 경북 지역 인구 비율(9.76%, 행정안전부, 2020, 12)과 유사한 것으로 나타났다.

따라서 본 연구진은 대구, 경북 지역 거주민의 행복 변화를 추적하기 위해 서울대학교-카카오 행복 데이터베이스를 활용하여 보다 체계적인 분석을 시도했다. 2020년 1월 1일부터 2020년 12월 31일까지 대구, 경북 지역 거주민 112,404명의 응답 총 199,666건을 분석함으로써 코로나 확산이 대구, 경북 사람들의 행복에 미치는 영향을 살펴보고자 했다.

대구, 경북 지역의 행복은 1차 유행 시기에 특히 감소

국내 첫 확진자가 발생하기 이전 기간(1월 1일~1월 19일)에는 대구, 경북 지역(평균 5.32)과 그 외 지역(평균 5.33) 간에 평균 행복 점수에는 유의미한 차이가 없었다. 그러나 코로나 확진자가 대구 경북 지역에서 폭발적으로 발생했던 1차 유행 기간에는 대구, 경북 지역과 그 외 지역의 행복 점수에 유의한 차이가 발생했다. [그래프23]에서 보듯, 1차 유행 기간의 행복 감소 기울기가 대구 경북 지역에서 더 가파랐다.

지역 간 차이 역시 1차 유행 시기에 두드러졌다. 코로나 1차 유행 시기의(2월 23일~4월 19일) 확진자 수는 대구가 6,545명(67.47%)로 압도적으로 많았고 그 다음으로 경북 지역이 1,191명(12.28%)으로 그 뒤를 이었다.

◀ 통계적 접근법의 차이로 인해 2020년 전체 행복 궤적 그래프의 값과 다소 차이가 있으나 패턴은 동일하다.

코로나 확진자가 대구, 경북 지역에서 폭발적으로 발생했던
1차 유행 기간에는 대구, 경북 지역과
그 외 지역의 행복 점수에 유의한 차이가 발생했다.

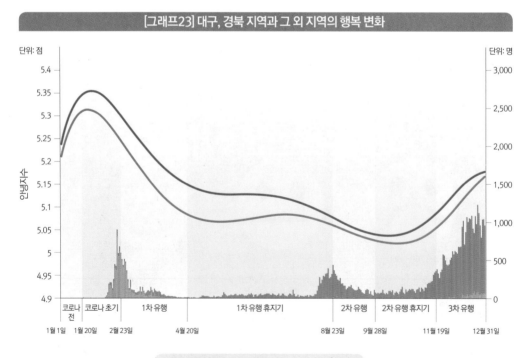

[그래프23] 대구, 경북 지역과 그 외 지역의 행복 변화

대구, 경북 지역의 안녕지수가 모든 구간에 걸쳐 최하위에 머문 것은 아니었다. 대구와 경북 지역의 시기별 안녕지수 순위를 보면, 코로나 발생 전에는 17개 지역 중 대구 8위(5.34), 경북 14위(5.29)였다. 하지만 코로나 초기에 행복 순위가 하락해, 대구 13위(5.28), 경북 14위(5.27)로 나타났다. 1차 유행 휴지기 동안 대구 11위(5.12), 경북 16위(5.10)였으며, 서울과 경기 지역을 중심으로 확진자가 급증했던 2차 유행 기간에는 대구 4위(5.11), 경북 11위(5.07)였다. 2차 유행 휴지기 동안 대구 지역 행복 순위는 8위(5.03), 경북 12위(5.01)였으며 3차 유행 기간에는 대구 8위(5.20), 경북 16위(5.12)로 나타났다.

같은 시기 지역별 안녕지수 평균을 살펴보면 세종특별자치시가 평균 5.58점으로 가장 높았고, 안녕지수가 가장 낮은 곳은 인천(평균 5.138점)이었으며, 그 다음으로 경북(평균 5.140점), 대구(평균 5.18점) 지역이 낮았다.

세종과 인천의 경우, 코로나 발생 전인 2018년과 2019년에도 가장 행복했던 지역과 그렇지 못했던 지역이었다. 따라서 두 지역의 안녕지수가 높거나 낮은 이유가 코로나와 관련되어 있다고 보기 어렵다.

반면에, 확진자 수가 급증했던 1차 유행 시기에 대구, 경북 지역의 안녕지수가 최하위권에 머물러 있다는 점([그래프 24-B]), 그리고 지난 2020년 한 해 동안 대구, 경북 지역의 안녕지수가 가장 낮았던 날이 4월 19일(대구, 경북 지역 전체 평균 4.52점)이라는 점을 고려했을 때 코로나가 대구, 경북 지역 사람들의 행복을 유독 저해했다고 추측할 수 있다.

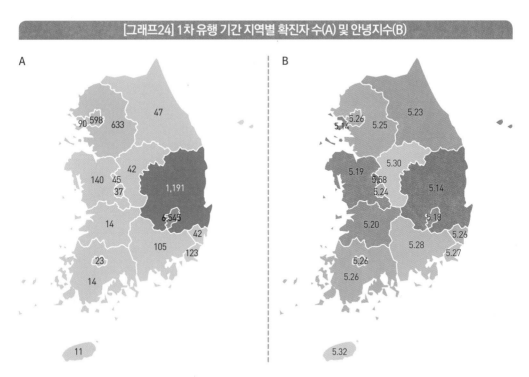

[그래프24] 1차 유행 기간 지역별 확진자 수(A) 및 안녕지수(B)

지역별 확진자 수는 질병관리청(www.cdc.go.kr)의 정례브리핑 자료 중 지역별 확진자 수를 토대로 산출한 것으로, 검역 단계에서 발견되는 해외 유입 확진자 수를 제외한 순수 지역별 확진자 수를 의미한다.

사회적 거리두기, '지루함'에 취약했던 사람들

대구, 경북 사람들의 행복 감소를 더 자세히 들여다보면, 코로나 초기부터 1차 유행 시기 동안 부정정서의 변화가 두드러졌음을 알 수 있다. 대구, 경북 지역의 부정정서는 코로나 초기에 4.88점에서 1차 유행 시기에 5.03점으로 0.15점 증가했다.

특히 1차 유행 시기의 대구, 경북 지역의 부정정서는 2020년 한 해 동안 대한민국 부정정서 평균값인 4.99점보다 더 높았다. 부정정서 가운데 특히 주목할 만한 정서는 지루함이었다.

[그래프25]에서 볼 수 있듯이, 코로나 발생 전 대구, 경북 지역(평균 5.25)과 그 외 지역(평균 5.22) 간에 지루함의 차이가 없었으나 코로나 초기 확산 기간과 1차 유행 기간을 거치면서 지역 간 차이는 각각 0.06점(대구, 경북 지역 5.32점 vs. 그 외 지역 5.26점)과 0.20점(대구, 경북 지역 5.77점 vs. 그 외 지역 5.57점)으로 증가했다.

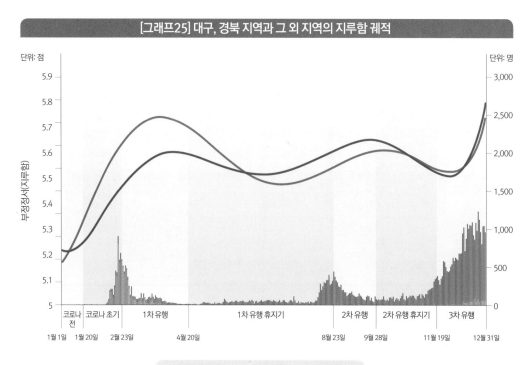

[그래프25] 대구, 경북 지역과 그 외 지역의 지루함 궤적

1차 유행 기간에 대구, 경북의 지루함 평균 점수(5.77점)는 2020년 한 해 동안 대한민국 지루함 평균 점수(5.51점)보다 더 높았다. 대구, 경북 지역 사람들의 지루함은 4월 3일에 무려 6.54점까지 치솟았다.

이 날은 3월 22일 고강도 사회적 거리두기가 시행된 지 2주 차에 접어드는 날로, 고강도 사회적 거리두기 연장 여부를 발표하기 전날이었다. 고강도 사회적 거리두기가 종료된 이후 대구, 경북 지역(평균 5.49)과 그 외 지역(평균 5.51) 간 지루함의 차이는 다시 감소한 것으로 나타났다.

고강도 사회적 거리두기가 시행되었던 1차 유행기간 동안 지역별 지루함 순위를 살펴본 결과, 경북 지역이 1위(평균 5.79점), 대구 지역이 2위(평균 5.75점)를 차지했다([그래프26-A]).

시기별 대구와 경북 지역의 지루함 순위를 살펴본 결과, 코로나 발생 전에는 전체 17개 지역 중 대구 12위(5.22), 경북은 5위(5.29)로 나타났다. 코로나 초기에는 대구 10위(5.31), 경북 5위(5.34)였으며, 고강도 사회적 거리두기가 종료된 1차 유행 휴지기의 경우, 대구 12위(5.49), 경북 9위(5.53)로 나타났다. 서울, 경기 지역 중심으로 감염병이 확산됐던 2차 유행 기간의 순위는 대구 16위(5.53), 경북 13위(5.59)였고, 2차 유행 휴지기 동안 대구 13위(5.52), 경북 7위(5.58)로 나타났으며, 3차 유행 기간에는 대구 15위(5.47), 경북 4위(5.63)로 나타났다.

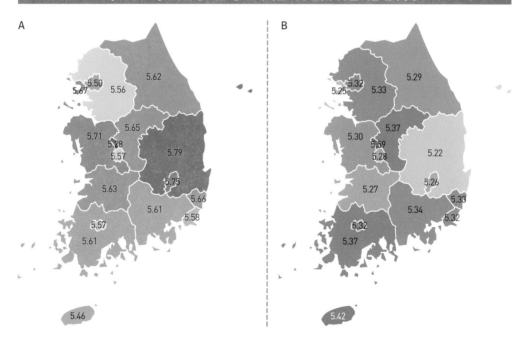

[그래프26] 1차 유행 기간 동안 지역별 지루함(A) 및 즐거움 점수(B)

A

B

대구, 경북 지역에서 2020년 한 해 동안 즐거움이 가장 낮았던 날은 바로 4월 19일, 일요일이었다.

지루함과 함께 살펴보아야 할 또 다른 정서는 바로 즐거움이다. [그 래프26-B]에서 볼 수 있듯이 대구와 경북 지역의 즐거움은 1차 유행 기간 동안 각각 5.26점과 5.22점으로 전국 17개 지역 중 15위와 17위를 차지했다(16위는 인천으로 나타났다).

대구, 경북 지역에서 2020년 한 해 동안 즐거움이 가장 낮았던 날은 바로 4월 19일, 일요일이었다. 이 날은 3월 22일부터 시작된 고강 도 사회적 거리두기가 한 차례 연장된 이후 4주째 거리두기를 시행 하고 있었던 때였다. 외출과 사적 모임이 취소되고 재택근무로 인해 집에 머무르는 시간이 증가하면서 대구, 경북 지역 사람들의 지루함 이 급격히 증가하는 한편 즐거움은 감소했다.

코로나 초기 확진자가 급증했던 대구, 경북 지역 사람들의 행복을 살펴본 결과를 요약하면 다음과 같다.

- 행복 감소는 대구, 경북 지역을 중심으로 코로나가 확산됐던 1차 유행 시기에 특히 두드러졌다. 코로나 전에는 대구, 경북 지역과 그 외 지역 간 행복의 차이가 없었으나 코로나 초기와 1차 유행 시기를 지나오면서 지역 간 행복의 차이가 점차 벌어졌다.
- 코로나 확산과 함께 부정정서가 특히 증가했다. 대구, 경북 지역 사람들의 지루함, 짜증, 우울, 그리고 불안을 포함한 부정정서가 1차 유행 시기에 급증했다. 부정정서 중 지루함의 증가는 다른 부 정정서들보다 더 큰 것으로 나타났다. 지루함의 증가와 함께 주목 할 만한 또 다른 정서는 바로 즐거움이었다. 1차 유행 시기에 지 루함은 증가하는 동시에 즐거움은 감소했다.

1차 유행의 근원지였던 대구, 경북 지역의 행복이 다른 지역보다 훨 씬 더 많이 감소했다는 결과는 2020년의 행복이 코로나 사태와 밀 접하게 관련되어 있음을 보여준다. 또한 이 기간 동안 가장 큰 변화 를 보인 감정이 지루함과 즐거움이라는 점은, 코로나로 인한 행복의 감소가 고강도 거리두기로 인한 일상의 축소와 행복을 위한 활동의 결핍에 의한 결과임을 시사한다.

대구, 경북 지역의 행복이
다른 지역보다 훨씬 더 많이 감소했다는 결과는
2020년의 행복이 코로나 사태와 밀접하게 관련되어 있음을 보여준다。

Part

02

코로나 기간에도 행복한 사람들의 특징

150만 명의 데이터로 풀어낸 감염병과 행복의 관계

Korea Happiness Report

Happiness
in 2020

코로나 기간 동안
어떤 성격의 사람들이 더 힘들었을까?

외향적인 사람과 내향적인 사람의 행복 비교

행복에는 개인차가 있다. 행복에 득이 되는 성격과 실이 되는 성격이 존재하기 때문이다. 그렇다면 코로나로 인한 행복의 감소는 외향성과 내향성 중 어떤 성격의 사람들이 더 심했을까? 그리고 그들의 행복은 각각 어떻게 변화했을까?

행복은 모두에게 평등하게 경험되지 않는다. 사람들이 느끼는 행복의 양은 저마다 달라서, 만약 자나 저울로 행복의 크기를 잴 수 있다면 각 개인 간의 편차는 키나 몸무게의 개인 간 차이 못지않을 것이다.

그럼, 이러한 행복의 개인차는 어디에서 비롯되는 걸까? 다시 말해, 왜 누군가는 행복하게 살고, 또 다른 누군가는 불행하게는 사는 걸까? 이 중요한 질문을 두고 심리학자들은 지난 50년간 수많은 연구를 수행했고, 마침내 완벽하지는 않지만 꽤 신뢰할 수 있는 답을 얻을 수 있게 됐다.

심리학자들이 찾은 답은 다음과 같다.

먼저, 행복의 개인차는 크게 3가지 영역으로 결정된다. 하나는 개인의 성격, 다른 하나는 소득, 자산, 학력, 직업, 주거지, 결혼 여부 등과 같은 객관적 조건 그리고 마지막 하나는 평소 생활 습관이다. 즉, 사람마다 경험하는 행복의 크기가 다른 이유는 저마다 성격이 다르고, 객관적 조건이 다르고, 일상생활 습관이 다르기 때문이다.

여기까지는 누구나 어렵지 않게 예상해볼 수 있는 답일 것이다. 하지만 정말 흥미로운 부분은 지금부터다. 심리학자들은 행복의 개인차를 가장 잘 설명할 수 있는 요인을 찾기 위해, 행복과 관련된 요인을 모두 모아 개별 요인의 설명력을 수리적으로 계산해봤다. 그러자 놀랍게도 단 하나의 요인이 행복의 개인차를 압도적으로 크게 설명하는 것을 발견했다. 그 한 요인의 설명력이 얼마나 크던지, 이 요인 하나의 설명력이 다른 모든 요인이 설명하는 행복의 개인차의 총합과 비슷할 정도였다.

그럼 이처럼 행복의 개인차를 압도적으로 설명할 수 있는 요인은 과연 무엇일까? 아마도 많은 이들이 '경제력'을 머릿속에 떠올리고 있을 것이다. 그러나 경제력이 행복의 개인차를 설명할 수 있는 정도는 이 요인이 지닌 설명력의 10분의 1에도 미치지 못한다.

이처럼 압도적으로 행복의 크기 차이를 설명할 수 있는 요인은 바로, '성격'이다. 성격은 개인 간의 행복 차이, 즉 '행복의 개인차'의 약 50%를 설명할 수 있다. 즉, 누군가는 행복하고 다른 누군가는 불행한 이유의 절반이 그들의 성격에 있는 것이다.

행복은
평등하지 않다

행복의 개인차

성격은 행복한 사람들이 행복한 이유가 될 수도 있고, 불행한 사람들이 불행한 이유가 될 수도 있다. 이를 풀어서 말하면, 세상에는 행복에 득이 되는 성격과 실이 되는 성격이 존재한다는 것이다.

성격과 행복의 관계

그렇다면 행복에 득이 되는 성격은 과연 어떤 걸까? 행복과 성격 간의 관계는 행복을 과학적으로 연구한 긍정심리학자들이 가장 먼저 관심을 가진 연구 주제였기에 이와 관련된 연구는 무수히 많다. 많은 연구에서 놀라우리만큼 일관되게 발견된 결과가 하나 있는데, 그건 바로 외향적인 성격의 사람이 내향적 성격의 사람에 비해 더 행복하다는 점이다.

총 460여 편의 관련 연구를 종합해 분석한 결과, 연구가 수행된 지역과 시기, 대상에 관계없이 외향적 성격의 사람, 즉 다른 이들과 어울리기 좋아하고, 자극을 추구하며, 활발한 사람은 내향적인 성격의 사람에 비해 더 행복한 것으로 나타났다(Anglim, Horwood, Smillie, Marrero, & Wood, 2020). 심지어 오랑우탄을 관찰한 연구에서도 외향적 성격을 지닌 오랑우탄이 내향적 오랑우탄에 비해 더 행복한 것으로 밝혀졌다(Weiss, King, & Perkins, 2006).

이처럼 외향성과 행복 간의 긍정적 관계를 보여주는 과학적 증거는 그 수를 헤아리기 어려울 만큼 많이 존재한다. 그럼에도 불구하고, 외향성이 행복의 긍정적 원인이라고 결론을 내리기에는 부족한 부분이 있다. 행복과 외향성 간의 관계를 조사한 연구들이 설문 조사나 관찰 조사에 의존하고 있어서 이 둘 간의 인과적 관계를 명확히 알 수 없다는 한계가 있기 때문이다.

많은 연구에서
놀라우리만큼
일관되게 발견된
결과가 하나 있는데,
그건 바로 외향적인
성격의 사람이
내향적 성격의 사람에
비해 더 행복하다는
점이다.

좀 더 자세히 설명하면, 설문 조사나 관찰 조사만으로는 외향적 성격 덕분에 행복해진 건지, 아니면 행복해서 성격이 외향적으로 변한 건지 구분할 수 없다는 뜻이다. 뿐만 아니라 신체적 건강이나 경제적 여유처럼 제3의 요인이 외향적 성격과 행복의 관계에 관여하는지 여부도 정확히 판단할 수 없다.

그런데, 최근 미국의 심리학자 마골리스와 류보머스키가 수행한 연구는 외향적 성격과 행복 간에 인과관계가 존재함을 분명하게 보여준다.

연구자들은 참여자를 두 집단으로 나눠, 한 집단에게는 외향적 성격처럼 연기하도록 지시하고, 다른 집단에는 내향적 성격처럼 연기하도록 지시했다. 이렇게 일주일 동안 연기를 한 후, 참여자의 행복을 측정해 이전의 행복 수준과 비교했다.

일주일 사이의 행복 변화를 분석한 결과, 놀랍게도 참여자의 본래 성격과 무관하게 외향적 성격을 연기한 집단은 행복이 이전보다 높아진 데 반해, 내향적인 성격을 연기한 집단은 이전보다 낮아진 것으로 나타났다(Margolis & Lyubomirsky, 2020). 이 실험 결과는 외향적 성격이 행복에 긍정적 원인임을 명확하게 보여주는 마지막 퍼즐 조각이라 볼 수 있다.

지금까지 살펴본 것처럼 외향성은 내향성에 비해 행복에 보다 도움이 되는 성격이라고 할 수 있다. 그리고 외향성이 행복에 도움이 된다는 사실은 적어도 심리학자들에게만큼은 불변의 진리처럼 여겨져왔다.

하지만 코로나가 대유행하고 사회가 이전과 전혀 다른 모습으로 급변하면서, 심리학자들은 그동안 공식처럼 여겨왔던 '외향성 = 행복'에 대해 의문을 품기 시작했다.

코로나 확산으로 사람 간의 접촉과 야외 활동이 제한되자, 코로나 기간에는 외향적 성격이 행복에 오히려 악영향을 미칠 수도 있다는 주장을 펼치는 학자와 저널리스트가 등장했다. 외향적인 사람은 사회적 관계를 맺고 활동적으로 다양한 곳을 돌아다니길 좋아하는데, 코로나로 인해 이러한 행동이 제한되면 행복도가 크게 떨어질 수 있다는 주장이었다.

코로나가 대유행하고 사회가 이전과 전혀 다른 모습으로 급변하면서, 심리학자들은 그동안 공식처럼 여겨왔던 '외향성 = 행복'에 대해 의문을 품기 시작했다.

반면에 내향적 성격의 사람들은 원래부터 다른 이와 교류하는 것을 즐기지 않고 집에 조용히 있는 것을 선호하기 때문에, 코로나로 변한 사회에서 이들의 행복은 오히려 상승할 가능성이 있다고 예측했다.

하지만 코로나 기간에도 외향적 성격이 여전히 행복에 득이 될 것이라는 반론 역시 만만치 않게 존재한다. 외향적 사람들은 낙천적이고 적극적인 성향이어서 코로나 기간 동안 스트레스도 훨씬 덜 받고 코로나에 따른 사회 변화에도 더 잘 적응할 수 있다는 것이다. 그래서 코로나 대유행 이후에도 외향적 성격의 사람은 이전과 마찬가지로 행복하게 생활할 거라는 것이다.

이처럼 양쪽의 주장이 팽팽하게 맞선 상황에서 몇몇 해외 연구자가 발 빠르게 코로나 기간 동안 외향성과 행복의 관계를 알아보기 위해 경험적 연구를 수행했다(Folk, Okabe-Miyamoto, Dunn, Lyubomirsky, & Donnellan, 2020; Gupta & Parimal, 2020; Liu et al., 2020; Morales-Vives et al., 2020). 그러나 안타깝게도 이들 연구는 참여자 규모가 작고 연구 방법이 적절치 않아, 결과를 신뢰하기 어렵다는 약점이 있었다. 더욱이 시기, 장소, 대상에 따라 연구 결과들이 서로 상이해, 하나의 일관된 결론을 얻을 수 없었다.

따라서 외향성과 행복 간의 관계가 코로나 기간 동안 어떻게 변했는지를 정확히 파악하기 위해서는 더 체계적이고 포괄적인 새로운 연구가 요구됐다.

우리 연구진은 카카오 마음 날씨 자료를 활용해 앞선 연구들이 제대로 답하지 못한 질문에 대해 정확한 답을 구해보기로 했다. 즉, 코로나 기간 동안 외향적 성격이 사람들의 행복에 도움이 됐는지, 아니면 오히려 방해가 됐는지를 조사하기로 한 것이다.

앞서 이미 여러 차례 언급된 것처럼 카카오 마음 날씨 자료는 유례를 찾아볼 수 없을 만큼 그 규모가 방대할 뿐 아니라, 개인의 행복을 시간의 추이에 따라 추적할 수 있는 종단 자료의 성격까지 지니고 있다. 이런 점에서 카카오 마음 날씨 자료는 코로나 기간 동안 외향성과 행복 간의 관계 변화 여부와 그 양상을 검증하는 데 최적의 데이터라 할 수 있다.

2020년 1월 1일부터 4월 7일까지, 카카오 마음 날씨 안녕지수와 성격 설문에 참여한 69,986명의 응답 총 130,798건을 이용해 코로나 기간 전후로 외향성과 행복 간의 관계에 변화가 있었는지 검증해봤다(Choi et al., under review). 이를 위해 먼저 외향적 성격의 사람들과 내향적 성격의 사람들의 행복이 연구 기간인 2020년 1월 1일부터 4월 7일 사이에 어떤 양상으로 변화했는지, 각 성격 집단의 행복 궤적을 그려 조사했다.

분석을 통해 얻은 결과를 본격적으로 설명하기에 앞서 분석 절차와 관련해 몇 가지 짚고 넘어가야 할 부분이 있다.

우선, 아래 제시되는 결과 그래프들은 실제 응답값을 단순히 평균 낸 것이 아니라, 수리적 모형을 통해 추정된 값을 기반으로 그린 것이다. 때문에 이전 장들에서 소개된 행복 궤적 그래프들과 형태 차이가 나타날 수 있다.

다음으로, 외향성과 내향성의 구분은 연구자들이 세운 기준에 의해 이루어진 것이다. 외향성은 나이처럼 연속적 속성을 지닌다. 마치 젊은 세대와 노년 세대를 구분할 때 특정 나이를 인위적 기준점으로 삼는 것처럼, 외향적 성격 집단과 내향적 성격 집단 역시 연구자들이 세운 기준점에 따라 구분된다.

코로나 기간에
더 행복했던
성격은?

외향성 vs. 내향성

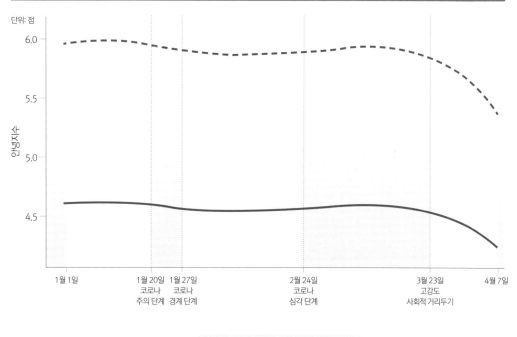

단위: 점

안녕지수

6.0

5.5

5.0

4.5

1월 1일   1월 20일 1월 27일   2월 24일   3월 23일   4월 7일
          코로나   코로나   코로나   고강도
          주의 단계 경계 단계   심각 단계   사회적 거리두기

--- 외향적 성격   —— 내향적 성격

코로나 영향으로
내향적 사람이 외향적
사람에 비해 더 큰
행복을 경험하는
극적인 변화는
관찰되지 않았다.

우리 연구에서는 현재 학계에서 가장 널리 이용되고 있는 ±1 표준편차를 기준점으로 사용했다. 외향성 점수가 평균보다 1 표준편차 이상이면 외향적 성격으로, 평균보다 1 표준편차 이하이면 내향적 성격으로 규정했다.

연구 기간에 외향적 성격 집단과 내향적 성격 집단의 행복은 [그래프1]과 같은 궤적을 보이며 변화했다. 외향적 성격 집단과 내향적 성격 집단이 보인 행복 궤적의 주요 특징은 다음과 같다.

첫째, 코로나 발생 여부와 관계없이 외향적 성격을 지닌 사람의 행복이 내향적 성격을 지닌 사람보다 전반적으로 높은 것으로 나타났다. 그래프에서 확인할 수 있는 것처럼, 연구 기간 내내 외향적 성격 집단의 행복 점수가 내향적 성격 집단의 행복 점수보다 위에 있음을 알 수 있다. 코로나 영향으로 내향적 사람이 외향적 사람에 비해 더 큰 행복을 경험하는 극적인 변화는 관찰되지 않았다.

둘째, 코로나 발생은 외향적 성격을 가진 사람과 내향적 성격을 가진 사람 모두에게 부정적 영향을 끼쳤다. 1월 20일 한국에서 첫 코로나 환자가 보고되고 곧이어 대구 신천지발(發) 1차 코로나 대유행이 발생하면서 외향적 사람과 내향적 사람의 행복이 모두 하락하는 추세를 보였다.

특히 흥미로운 부분은 코로나 발생 이후, 행복이 하락하는 양상과 그 정도가 외향적, 내향적 성격에 관계없이 매우 유사하다는 점이다. 이는 코로나 발생과 유행 이후, 외향적 사람의 행복이 내향적인 사람에 비해 유독 더 낮아지거나 혹은 덜 낮아지지는 않았음을 의미한다. 코로나는 외향적인 사람과 내성적인 사람 모두에게 똑같이 위협적인 사건으로 인식된 것이다.

셋째, 유사한 양상으로 변화하던 외향적 사람과 내향적 사람의 행복 궤적이 3월 23일, 강력한 사회적 거리두기를 공식화하는 시점부터 서로 상이한 모습을 보이기 시작했다. 정부의 사회적 거리두기 정책이 시행되면서, 사람들의 행복은 더 큰 폭으로 떨어졌다. 그런데 여기서 주목해야 할 부분은 그 하락 폭이 유독 외향적 사람에게서 더 크게 관찰된다는 것이다.

흥미로운 부분은 코로나 발생 이후, 행복이 하락하는 양상과 그 정도가 외향적, 내향적 성격에 관계없이 매우 유사하다는 점이다.

사회적 거리두기가 가져온 행복 궤적의 변화

행복감을 좌우하는 관계성 욕구

사회적 거리두기는 인간의 기본적 심리 욕구 중 하나인 관계성 (Baumeister & Leary, 1995; Ryan & Deci, 2000) 욕구 충족을 인위적으로 가로막는 환경 변화라 할 수 있다. 때문에 사회적 거리두기가 행복에 부정적 영향을 끼치는 것은 너무나도 당연한 결과라 할 수 있다.

하지만 사회적 거리두기가 행복에 미치는 부정적 효과가 외향성·내향성에 따라 다르게 나타나는 것은 매우 흥미로운 결과라 할 수 있다. 사회적 거리두기 시행으로 대면 교류와 야외 활동이 제한되면서, 평소 사회적 친목 활동과 야외 활동을 많이 하던 외향적 사람이 더 큰 불편과 심리적 어려움을 경험한 것으로 이해할 수 있다.

행복 궤적 분석 결과를 종합해보면, 코로나 자체는 외향적 사람과 내향적 사람 모두에게 비슷한 정도의 부정적 효과를 미친 것으로 확인됐다. 그런데 흥미롭게도 사회적 거리두기의 효과는 외향성 정도에 따라 다르게 작용하는 것으로 관찰됐다. 고강도 사회적 거리두기 정책 실시 이후, 외향적 사람의 행복이 내향적 사람에 비해 더 큰 폭으로 떨어지는 것으로 나타났다.

앞선 행복 궤적 분석을 통해, 대면 만남과 야외 활동이 제한된 고강도 사회적 거리두기 상황에서는 외향적 성격이 행복에 오히려 방해가 될 수 있는 가능성을 확인했다. 이러한 경향성을 보다 체계적으로 그리고 엄격하게 검증하기 위해, 추가 분석을 실시했다. 이 분석 연구 기간을 3개의 구간으로 구분했다. 코로나 이전, 코로나 발생 이후, 그리고 사회적 거리두기 시행 이후 외향성과 행복 간의 관계 변화를 보다 명확하게 조사하기 위해서다.

1구간은 코로나 발생 이전(1월 1일~1월 19일), 2구간은 코로나 발생 이후부터 사회적 거리두기 시행 이전(1월 20일~3월 22일), 3구간은 사회적 거리두기 이후(3월 23일~4월 7일)로 각각 나눴다.

다음으로, 연구 구간에 따른 외향성과 행복 간의 개인 내 변화를 정확히 알아보기 위해, 3개 연구 구간 모두에서 안녕지수에 응답한 연구 참여자만을 분석에 포함시켰다. 카카오 마음 날씨는 이용자가 원할 때 언제든 복수 응답이 가능하도록 설계되어 있어서, 원칙적으로 카카오 마음 날씨를 통해 수집된 자료는 한 개인의 행복 변화 추이를 볼 수 있는 종단 자료의 속성을 갖는다.

하지만, 실제 수집된 자료를 보면 대다수 이용자가 안녕지수 설문에 1번만 응답했다. 때문에 얻어진 결과가 개인 내 행복 추이 변화(개인 내 변화)를 반영하는 것인지, 아니면 단순히 응답자 집단의 성향 차이(개인 간 차이)를 반영하는 것인지 구분하는 데 어려움이 있다.

예를 들면, 앞서 설명한 행복 궤적 분석의 경우에도 해당 결과가 사회적 거리두기 시행 이후 나타난 외향성과 행복 간의 관계 변화에서 비롯된 건지, 아니면 단순히 사회적 거리두기 시행 이후 외향성은 높고 행복감은 낮은 이용자의 응답 비율 증가에서 비롯된 건지 불명확하다. 물론 사회적 거리두기 시행으로 인해 외향적 성격을 지닌 사람 중에서 유독 행복도가 낮은 사람이 선별적으로 카카오 마음 날씨에 더 많이 접속해 응답했을 가능성은 거의 없다.

그럼에도 불구하고 한 개인 내의 행복 변화 즉, 3개 연구 시점에 따른 행복의 변화 추이를 직접적으로 추정하고 이러한 변화가 외향성 수준에 따라 다른 양상을 보이는지 정확히 조사하기 위해, 3개의 연구 시점 모두에서 응답을 한 3,299명으로 얻어진 16,402건의 자료를 따로 선별해 분석했다.

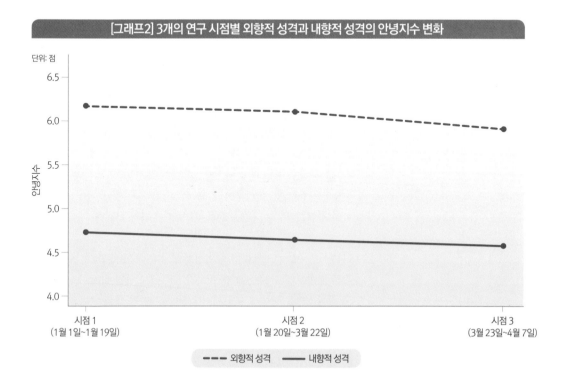

[그래프2] 3개의 연구 시점별 외향적 성격과 내향적 성격의 안녕지수 변화

단위: 점

안녕지수

6.5
6.0
5.5
5.0
4.5
4.0

시점 1
(1월 1일~1월 19일)

시점 2
(1월 20일~3월 22일)

시점 3
(3월 23일~4월 7일)

--- 외향적 성격 　──── 내향적 성격

사회적 거리두기가
시행된 이후,
외향적 사람의
행복 하락 폭이
내향적 사람에 비해
2배 이상 큰 것으로
확인됐다.

3개 시점에 따른 행복 변화 추이는 앞서 행복 궤적 분석 결과와 일관된 양상을 보였다([그래프2]). 연구 시점에 관계없이, 즉 코로나 발생 이전(시점 1), 코로나 발행 이후(시점 2), 그리고 사회적 거리두기 시행 이후(시점 3) 모두에서 외향적 사람의 행복도가 내향적 사람의 행복도보다 높게 나타났다.

또한 코로나 발생 이후 외향적 사람과 내향적 사람의 행복도가 꾸준히 하락하는 추세를 보였다. 그 결과, 세 번째 연구 시점, 즉 사회적 거리두기 시행 이후의 행복 수준이 외향적 사람과 내향적 사람 모두에서 가장 낮은 것으로 확인됐다. 이는 코로나 사태가 길어짐에 따라 심리적 피로감과 어려움이 성격에 관계없이 모두에게 더욱더 크게 작용했음을 보여주는 결과라 할 수 있다.

하지만 행복이 하락하는 추세의 양상에서는 외향적 사람과 내향적 사람 사이에 명확한 차이가 관찰됐다.

코로나 발생 이전 시기(시점 1)와 비교해, 코로나 발생 이후 시기(시점 2)의 행복 하락 폭은 외향적 사람과 내향적 사람 사이에 동일한 정도를 보였다. 즉, 코로나 발생과 확산은 외향적 사람과 내향적 사람 모두의 행복에 비슷한 정도의 악영향을 미쳤다고 할 수 있다.

그러나 고강도 사회적 거리두기 시행 이후 시기(시점 3)의 행복 하락 폭에서는 외향적 사람과 내향적 사람 간에 명확한 차이가 발생했다. 사회적 거리두기가 시행된 이후, 외향적 사람의 행복 하락 폭이 내향적 사람에 비해 2배 이상 큰 것으로 확인됐다.

지금까지의 결과를 모두 종합해보면, 평상시와 비교해 코로나 기간에는 외향성이 행복에 미치는 긍정적 효과가 상대적으로 조금 줄어들었음을 알 수 있다. 물론 코로나 기간 동안 내향적 사람의 행복이 외향적 성격의 사람보다 더 커지는, 그런 극적인 변화는 나타나지 않았지만, 외향적 성격의 사람의 행복 감소 폭이 내향적 사람에 비해 상대적으로 크게 나타나는 변화는 명확히 관찰됐다.

그리고 코로나 시기 동안 외향적 사람의 이런 큰 행복 감소는, 코로나 발병과 확산 그 자체보다는 코로나로 인한 사회적 변화인 고강도 사회적 거리두기의 결과임을 확인할 수 있었다. 다시 말해 외향적 성격은 코로나 자체가 아닌 사회적 거리두기에 취약한 모습을 보인 것이다.

심리적 어려움 해결을 위한 후속 과제
우리의 연구는 지금까지 알려진 어떤 자료보다도 큰 규모의 자료를 활용해 코로나 기간 동안 외향성과 행복 간의 변화 양상과 그 추이를 경험적으로 조사했다. 특히 연구 시점을 코로나 발생 전, 코로나 발생 후, 그리고 사회적 거리두기 시행 이후로 구분해, 해당 시점들에 모두 응답한 자료만을 따로 추려 분석함으로써 행복의 개인 내 변화 양상을 명확히 규명했다는 점에서 이전의 관련 연구들과 구분될 수 있다.

다시 말해, 본 연구는 자료의 양과 질 모두가 이전의 어떤 연구보다도 우수하기 때문에 코로나 기간 동안의 외향성과 행복 간의 관계 변화에 대한 가장 신뢰할 수 있고 정확한 답을 제공했다 할 수 있다.

본 연구 결과에 따르면 외향적 사람이 내향적 사람에 비해 코로나 기간 동안 상대적으로 더 큰 행복 하락을 경험했고, 이런 하락은 코로나 그 자체가 아닌 코로나가 가져온 사회적 변화인 사회적 거리두기의 결과다.

코로나 시기 동안 외향적 사람의 이런 큰 행복 감소는, 코로나 발병과 확산 그 자체보다는 코로나로 인한 사회적 변화인 고강도 사회적 거리두기의 결과임을 확인할 수 있었다.

코로나가 바꾼 세상, 즉 언컨택트 사회에 외향적 사람이 내향적 사람에 비해 적응을 잘 못했고, 그 결과 더 큰 심리적 어려움을 겪은 것으로 이해할 수 있다.

그러나 본 연구의 결과를 지나치게 확대 해석을 해서는 안 될 것이다. 우선 앞선 분석들에서 반복해서 관찰된 것처럼, 코로나 시기 동안 사회적 거리두기 시행 여부와 관계없이 외향적 사람의 행복도가 내향적 사람에 비해 항상 높게 나타났다. 이는 코로나 같은 예상치 못한 사회 변동에도, 정도에 차이는 있더라도 외향성과 행복 간의 긍정적 관계가 여전히 굳건히 유지된다는 점이다.

그리고 본 연구는 2020년 4월 7일까지 수집된 자료만을 활용해 분석을 수행했다. 따라서 이후 몇 번의 추가적인 코로나 대유행과 그에 따른 고강도 사회적 거리두기 시기에 외향적 사람과 내향적 사람의 행복이 지금 소개된 결과와는 다른 양상으로 변화했을 가능성을 완전히 배제하기 어렵다.

코로나 사태 장기화와 반복되는 사회적 거리두기에 외향적 성격의 사람이 빠르게 적응해서 2차, 3차 대유행과 고강도 사회적 거리두기 기간에는 오히려 내향적 사람보다 행복감을 더 잘 유지했을 가능성이 있다. 또한, 외향적 성격의 사람이 영상통화나 랜선 모임과 같은 IT 기술을 적극 활용해 우리 연구 기간 이후에는 행복감이 코로나 이전과 유사한 수준까지 상승했을 여지도 있다. 따라서 추가 연구에서는 연구 기간을 코로나 기간 전체로 확장해 외향성과 행복 간의 관계 변화와 그 양상을 다시 한번 검증해볼 필요가 있다.

세상에는 다양한 성격이 존재하고, 이들 성격들은 우열을 가릴 수가 없다. 왜냐하면 모든 성격은 각자 고유한 특징을 가지고 있고, 이런 특성들은 시기와 상황에 따라 장점이 되기도 하고 단점이 되기도 할 수 있기 때문이다. 그렇기에 사람들의 성격은 어떤 기준으로도 줄을 세울 수 없다.

이런 성격의 다양성과 고유성을 누구보다 잘 알고 있는 심리학자들도 행복에 관해서만큼은 그동안 외향성을 '좋은' 성격이라고 이야기해왔다. 그러나 우리 연구 결과에서 알 수 있듯이 코로나와 사회적 거리두기 시기에는 평소와 달리 외향성이 행복에 방해가 될 수 있다.

이번 코로나 사태를 겪으면서 우리는 다시 한번 성격은 좋다/나쁘다 하는 평가 대상이 아니라, 같다/다르다와 같은 구분의 대상임을 되새기게 된다. 세상에는 좋은 성격도, 나쁜 성격도 존재하지 않는다. 다만 나와 비슷한 성격과 다른 성격만이 존재할 따름이다.

연구 결과에서
알 수 있듯이
사회적 거리두기
시기에는 평소와 달리
외향성이 행복에
방해가 될 수 있다.

세상에는 좋은 성격도, 나쁜 성격도 존재하지 않는다.
다만 나와 비슷한 성격과 다른 성격만이 존재할 따름이다。

Happiness in 2020

계층이 행복에 미친 영향

상위 계층과 하위 계층 중 어느 쪽의 행복 감소가 더 심했을까?

2020년, 코로나로 인해 대한민국 국민 대부분의 행복이 감소했다. 그렇다면 여가를 즐길 기회가 줄어든 상위 계층의 행복 감소가 심했을까? 아니면 경제적인 피해가 컸던 하위 계층의 행복 감소가 심했을까? 이에 대한 여러 가설과 실제 안녕지수의 비교를 통해 계층에 따른 행복 변화를 알아보자.

영화 〈패터슨〉은 미국 '패터슨'시에 사는 '패터슨'을 따라가면서 그의 일상을 비춘다. 주인공이 사는 풍경은 늘 똑같다. 배우 애덤 드라이버(Adam Driver)가 연기하는 버스 기사 패터슨은 매일같이 버스를 몰고 패터슨 시내 곳곳을 누빈다.

아침에는 아내와 함께 일어나 하루를 열고, 저녁에는 바에 들러 맥주 한잔을 마시며 하루를 맺는다. 일정하게 반복되는 일상이 일정한 리듬을 낳고, 이 리듬은 패터슨이 쓰는 시의 운율을 이룬다.

코로나 이전의 우리 삶도 패터슨의 일상과 크게 다르지 않았다. 우리도 우리 나름의 반복되는 일상으로 저마다의 시를 쓰고 있었다. 그러나 코로나는 이 모든 일상을 뒤흔들어놨다.

코로나가 가져온 경제적 불확실성, 그리고 사회적 교류의 축소와 단절은 우리 일상에 균열을 내었다. 사회적 거리두기가 오랫동안 시행되면서 이로 인한 피로감도 쌓여갔다. 코로나로 유발된 이 모든 일들은 우리의 정신건강에도 균열을 가져왔다.

우리는 이번 보고서를 통해 어떤 특징을 지닌 사람이 코로나가 야기한 정신건강의 균열을 잘 견뎌냈는지 규명해보려 한다. 그 일환으로 이 장에서는 '계층'의 효과에 대해 다루기로 했다.

구체적으로 말하자면, 상위 계층의 행복 감소가 심한지 아니면 하위 계층의 감소가 심한지, 그것도 아니라면 사회 계층과 코로나로 인한 행복의 손상 정도는 무관한지 살펴볼 것이다.

사회 계층이 코로나와 행복의 관계에 어떤 영향을 줄 수 있는지에 대해서는 3가지 가설을 적용해볼 수 있다.

먼저 우리가 **양극화 가설**이라고 부르는 설에 따르면, 코로나가 행복에 미치는 부정적 영향이 상위 계층보다 하위 계층에게 더 두드러지면서, 결과적으로 상위 계층과 하위 계층의 행복 격차가 코로나 기간 동안 더 증가할 수 있다.

어느 계층의 행복 감소가 더 심했을까?

계층과 행복 변화에 관한 3가지 가설

반면 **평준화 가설**에 따라 생각해보면, 상위 계층이 코로나 이전에 즐기던 여가 및 사회적 활동의 제약으로 행복 감소를 더 심하게 겪을 수 있다. 이에 반해 하위 계층은 코로나 이전에도 여가 및 사회적 활동을 많이 누리지 못했기에 제약으로 인한 행복 감소도 덜 겪을 가능성이 높으며, 그 결과 계층 간 행복 격차가 줄었을 수도 있다.

마지막으로 **지속화 가설**에 따르면, 행복에 미치는 계층 효과는 코로나 이전이나 이후나 동일하기 때문에 코로나로 인한 행복 감소는 전 계층에 걸쳐 동일할 수 있다.

위 3가지 가설 중에서 우리는 양극화 가설과 평준화 가설에 집중해 살펴봤다.

코로나가 가져온 경제적 불확실성,
그리고 사회적 교류의 축소와 단절은 우리 일상에 균열을 내었다.
사회적 거리두기가 오랫동안 시행되면서
이로 인한 피로감도 쌓여갔다.

기존 연구의 상당수는 행복 양극화 가설을 뒷받침한다. 하위 계층 사람들은 감염성 질환과 각종 합병증 그리고 암, 심장, 호흡기 질환 및 기타 질병에 노출될 위험이 높고(Adler et al., 1994; Butterworth et al., 2009; Kuhle & Veugelers, 2008; Theodossiou & Zangelidis, 2009), 이런 위협에 대처할 수단도 부족하다(Gallo & Matthews, 2003; Kraus et al., 2011; Oestergaard et al., 2017; O'Sullivan & Phillips, 2019).

질병과 가난의 악순환은 전염병에서도 반복된다. 사스(SARS, 중증 급성 호흡기 증후군), 메르스(MERS, 중동 호흡기 증후군), 에볼라 등 전염병에 대해 다룬 연구에 따르면 사람들은 감염이나 사망 등 바이러스와 직접 관련된 시련뿐 아니라 소득 감소나 실직으로 인한 경제난 그리고 의식주 해결의 어려움 같은, 바이러스에 의해 파생된 시련도 함께 겪는다. 하위 계층은 이런 시련을 당했을 때 회복력이 낮은 것으로 밝혀졌다(Valtorta & Hanratty, 2013).

실제로 소수 인종이거나 낮은 사회 경제적 지위를 지닌 경우, 또는 인구 밀집도와 주거 불안정, 물질적 결핍 정도가 높은 경우에는 코로나 양성 반응이 나타날 가능성이 더 높게 나타났으며(Chung et al., 2020; Oishi et al., 2021), 비좁고 과밀한 주거 환경과 경제적 어려움, 도움의 손길을 뻗을 수 있는 네트워크에 대한 낮은 접근성 등이 고통을 더욱 가중시킨 것으로 보인다(Wright et al., 2020).

하위 계층의 취약성은 정신건강 문제에서도 반복된다. 전염병과 관련된 외상 후 스트레스, 불안, 분노 및 우울 증상이 사회 경제적 지위가 낮은 사람들에게서 더 높은 비율로 관찰된다(Iob et al., 2020; Lorant et al., 2003). 코로나 기간 중에도 불안정한 고용 상태와 사회 경제적 요인이 정신건강 악화와 관련 있다는 보고가 여럿 있었다(Frank et al., 2020; McGinty et al., 2020; Pierce et al., 2020). 어떤 연구는 사회적 거리두기 같은 조치로 인해 외로움, 우울이나 가정 폭력 위험이 높아지는 취약 집단을 조명하며, 이들에 대한 공적 개입을 촉구하기도 한다(Anderson et al., 2020; Armitage & Nellumes, 2020; Bu et al., 2020).

이런 결과는 하위 계층이 코로나 팬데믹으로 물질적 문제뿐 아니라 행복에도 더 크게 타격을 받았을 것이고, 결과적으로 계층 간 행복 격차도 더 커졌을 것이라는 양극화 가설을 지지한다.

하위 계층의
행복 감소가
클 수밖에
없는 이유

양극화 가설

전염병과 관련된
외상 후 스트레스,
불안, 분노 및
우울 증상이
사회 경제적 지위가
낮은 사람들에게서
더 높은 비율로
관찰된다

상위 계층의 행복이 위험한 까닭

평준화 가설

상위 계층일수록 위협에 직면할 확률이 낮다는 점을 부인할 수는 없다(Almeida et al., 2005). 상위 계층에게는 스트레스 요인에 저항하고 쉽게 회복할 수 있는 물적 · 사회적 자원이 풍부하다(Gallo & Matthews, 2003; Keltner et al., 2003). 그렇다고 상위 계층 사람들이 코로나 영향에서 벗어난 완벽한 안전지대에 있다고 주장하기는 어렵다.

미국의 앤드루 쿠오모(Andrew Cuomo) 뉴욕주지사가 코로나를 두고 거대한 이퀄라이저(great equalizer)라고 말해(Cuomo, 2020) 논란이 되긴 했지만, 이 발언에 전제된 생각, 즉 부와 권력과 명성을 가진 사람도 코로나로부터 안전하지 못하다는 불안은 현실이 될 수 있다. 예를 들어 코로나 확산과 사망률을 예측하는 국가 비교 연구에 따르면, 1인당 국내총생산이 높은 부유한 국가일수록 인구 100만 명당 감염 또는 사망 사례가 더 많다(Ang et al., 2020).

경제학자인 케이스와 디튼(Case & Deaton, 2017)은 상위 계층이라고 해서 정신건강 문제에 반드시 더 유리하지는 않다는 걸 보여주는 연구를 발표했다. 이들은 자살, 알코올 의존, 약물 남용으로 죽음에 이르는 '절망사(death of despair)'가 백인에게서 증가하는 현상에 주목했다. 이 현상은 다음 몇 가지 측면에서 연구자들의 의구심을 불러일으켰다.

계층 자체보다
계층을 행사하는 방식의
중요성을 강조한 연구들에 따르면,
코로나로 인해 얼어붙은 삶이
상위 계층의 행복한 일상을
위축시켰을 수 있다.

첫째는 흑인, 히스패닉 등 미국 내 다른 인종의 사망률은 감소하는 가운데 백인 사망률만 증가세를 보인다는 점. 둘째는 중년층의 주요 사망 원인인 암과 심장병 사망률 감소 정도를 상쇄할 만큼 절망사가 가속화되고 있다는 점. 셋째는 흑인과 히스패닉의 소득이 백인보다 높지 않은 데도 백인의 사망률이 증가하고 있다는 점이었다.

그렇다면 어째서 경제적으로 힘들지도 않고 마이너리티도 아닌 백인들에게서 절망사가 늘어나는 것일까? 연구자들은 임금 수준이나 실직 같은 경제적 문제로 이 현상을 설명하기는 불충분하며, 그보다 근본적으로 삶의 의미를 부여하는 구조의 상실, 그리고 교육 수준이 낮은 백인의 사회 진출 기회가 감소하면서 장기적으로 누적된 무력감이 불러온 문제일 것이라고 추측한다.

이 같은 연구 사례는 소득이나 계층 자체보다는 높은 지위에 올랐을 때 획득되는 사회적 위엄이나 삶의 환경을 통제하는 능력의 변화가 중요함을 시사한다(Anderson et al., 2020; Marmot, 2002). 이는 계층적으로는 우위에 있더라도 삶에 대한 통제력이 약화되면 정신건강이 나빠질 수 있음을 의미한다. 만일 코로나가 상위 계층에게 삶에 대한 통제력에 변화를 가져다줬다면, 이때 상위 계층은 하위 계층보다 더 큰 심리적 타격을 받을 수 있으며, 이는 행복 경험을 약화시키는 방향으로 작용했을 것이라고 예측해볼 수 있다.

소비 행동 분야에서는 계층을 행사하는 방식의 중요성을 강조한 연구들이 발견되는데, 여기서도 부 자체보다는 부를 통해 소비하는 방식이 행복을 높인다고 말한다(Dunn et al., 2014).

돈을 써서 더 큰 행복과 사회적 연결감을 느끼게 하는 종류의 소비가 있는데, 여기에는 여행, 공연 관람 같은 경험 구매(Carter & Gilovich, 2012; Van Boven & Gilovich, 2003), 여가 및 사교 활동, 타인을 위한 소비 활동이 해당된다(Choi et al., 2017; Dunn et al., 2008; Smeets et al., 2020).

경험 구매(experiential purchase)란, 여행이나 외식처럼 무형의 제품을 통해 경험을 얻는 구매 형태를 가리킨다. 이는 자동차, 액세서리, 의복 등 유형의 재화를 소유하는 물질 소비(material purchase)와 구분되는 소비 방식이다.

경험을 구매하는 소비 방식은 경험의 총체로 규정되는 자기 정체성과 긴밀하게 연결된다. 또한 경험의 내러티브를 가까운 이들과 공유해 관계를 더 풍부하게 만들기 때문에 행복감을 높여준다고 알려졌다(Van Boven & Gilovich, 2003). 부유한 사람이 행복한 시간을 보내기 위해 이런 종류의 소비를 더 많이 한다는 측면에서(Human Kinetics, 2013; Smeets et al., 2020), 코로나가 상위 계층에게 더 큰 타격으로 작용했을 수 있다. 코로나 이후에 이뤄진 각종 방역 조치가 상위 계층이 기존에 누리던 소비, 여가, 사교 활동을 대폭 위축시켰기 때문이다.

만일 이 논리가 타당하다면 평준화 가설이 예측하는 바와 같이, 코로나 대유행이 상위 계층에 있는 사람들에게 행복감 손실을 더 많이 가져왔을 것이다.

양극화 가설과 평준화 가설은 **계층 간 행복의 격차 자체에 관한 가설이 아니다**. 계층 간 행복 격차는 학계에서 이미 잘 확립된 사실이다. 두 가설은 계층 간 행복의 격차가 코로나로 인해 더 커졌는지 아니면 줄어들었는지, 즉 **격차의 '변화'에 대한 가설이다**.

따라서 이 가설들을 검증하기 위해서는 종단 데이터 확보가 필수다(Bu et al., 2020). 측정이 한 시점에서만 이루어지면(즉, 횡단 연구) 개인 내 변화 패턴을 분석하는 게 불가능하다. 횡단 데이터에서는 계층 간 차이가 발견돼도 이 차이가 애초에 존재했던 격차인지, 코로나로 인해 발생한 변화 정도의 차이인지 구분할 수 없다는 실증적 난점이 생긴다. 따라서 본 조사에서는 종단 데이터 분석 방법을 활용해 사회 계층의 효과를 알아보고자 했다.

본 조사에서는 한국에서 첫 확진자가 나온 2020년 1월 20일부터 12월 31일까지, 일상의 행복 변화를 추적했다. 종단 분석을 위해 이 기간 동안 안녕지수에 한 번만 응답한 경우는 분석에서 제외했다.

안녕지수는 삶의 만족, 긍정정서(예: 행복, 즐거움, 평안), 부정정서(예: 지루함, 짜증, 우울, 불안), 의미, 스트레스의 평균으로 산출됐다. 0점은 전혀 행복하지 않은 상태, 10점은 매우 행복한 상태를 가리킨다.

사회 계층을 측정할 때는 코로나 사태 장기화로 인해 계층 자체가 변했을 가능성이 있으므로 코로나 이전에 측정된 계층 점수를 사용했다. 본 조사에서는 사회 계층을 측정할 때 대표적으로 사용되는 맥아더(MacArthur)의 '사다리 척도'를 사용해 주관적 사회적 지위를 측정했다(Adler et al., 2000).

사다리 척도에서 1층은 사회적 지위가 가장 낮은 사람, 10층은 사회적 지위가 가장 높은 사람을 가리킨다(최인철 외., 2020). 사회적 지위의 평균값은 4.87(표준편차 2.11)이었다.

최종 분석에는 참여자 9,237명의 응답 70,326건 사용됐다. 약 1년 동안 참여자 1명당 평균 7.61번 안녕지수에 응답한 셈이다. 그중 여성은 7,727명(83.7%), 남성은 1,510명(16.3%)으로 여성의 참여가 더 많았으며, 연령별로는 10대 2,973명(32.2%), 20대 2,239(24.2%), 30대 1,665명(18.0%), 40대 1,251명(13.5%), 50대 865명(9.4%), 60대 이상 244명(2.6%)으로, 10대부터 30대까지가 표본의 대부분을 차지했다.

서울, 인천, 경기가 포함된 수도권 지역 거주자는 5,461명(59.1%), 수도권 외 지역 거주자는 3,776명(40.9%)으로 수도권 거주자 비율이 절반 이상이었다.

계층 간 행복 격차의 변화

분석 방법과 결과 및 논의

실제 사회적 지위 측정 화면 ⬇

사회 계층에 따라 안녕지수 변화에 차이가 있는가?

[그래프1]을 보면, 분석 결과 2020년 약 1년 동안 안녕지수의 전반적 감소가 관찰됐다(b=-0.26, p<.001). 평균적으로 1월 20일 5.56점에서 출발했던 안녕지수가 약 1년이 지난 12월 31일에는 5.30점까지 떨어졌다. 앞 챕터에서 보고한 바와 일치하게, 본 분석에서도 코로나 기간 내 안녕지수의 전반적인 하락세가 관찰됐다.

사회 계층에 따른 초기 안녕지수의 평균 차이 또한 뚜렷하게 나타났다(b=0.36, p<.001). 즉, 계층이 한 계단 더 높으면 0.36점 더 행복했고, 반대로 계층이 한 계단 더 낮으면 0.36점 덜 행복했다. 이와 같은 계층의 효과는 1년 내내 이어졌다. 전체적으로 위층에 있는 사람들이 아래층에 있는 사람들보다 1년 내내 더 행복했다.

그렇다면 안녕지수 변화 정도는 어땠을까? 행복이 감소하는 정도가 하위 계층에게 더 심하게 나타났을까? 아니면 상위 계층에게 더 크게 나타났을까? 그것도 아니면 차이가 없었을까?

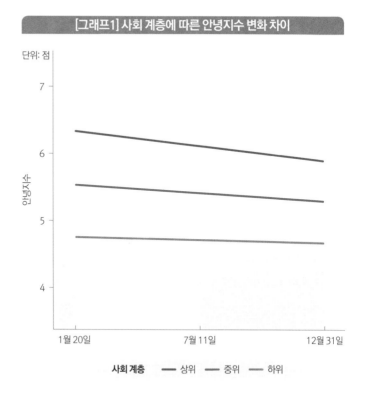

[그래프1] 사회 계층에 따른 안녕지수 변화 차이

단위: 점

사회 계층 ━ 상위 ━ 중위 ━ 하위

주관적 사회적 지위 평균으로부터 +1SD를 상위 계층(약 7층), -1SD를 하위 계층(약 3층)으로 분류했다([그래프1]~[그래프4]).

분석 결과, 안녕지수가 1년 간 변화한 정도는 계층에 따라 달랐으며 (b=-0.08, p<.001), 변화의 정도는 상위 계층에게서 더 큰 것으로 나타났다.

즉, 상위 계층의 행복 감소세가 하위 계층보다 더 컸다. 하위 계층의 안녕지수는 0.10점만큼 떨어졌지만(b=-0.10, p<.001), 상위 계층의 안녕지수는 그 4배인 0.43점만큼 떨어졌다(b=-0.43, p<.001).

하위 지수별로 분석했을 때, 먼저 '삶의 만족'에서도 이와 동일한 패턴이 관찰됐다([그래프2]). 2020년 1년 동안 삶의 만족은 전반적으로 감소된 것으로 확인됐다(b=-0.17, p<.001). 상위 계층이 하위 계층보다 더 높은 삶의 만족을 보이는 양상 또한 같았다(b=0.48, p<.001).

무엇보다도 가장 중요한 결과로, 삶의 만족 감소 정도가 계층에 따라 달라지는 양상도 반복해서 확인됐다(b=-0.07, p<.001). 즉, 삶의 만족에 있어서도 상위 계층의 만족 감소 정도가 하위 계층보다 더 심하게 나타났다.

구체적으로 상위 계층의 만족 경험이 연초 평균 7.14점 수준에서 연말 6.82점까지 약화됐다면(b=-0.31, p<.001), 하위 계층은 연초 평균 5.06점, 연말 평균 5.04점 정도로 1년 동안 비슷한 수준에 머물렀다(b=-0.03, p=0.56).

분석 결과에 따르면 상위 계층의 만족 경험은 코로나 기간 동안 크게 감소한 데 반해, 하위 계층의 만족 경험은 코로나 내내 달라지지 않았다.

삶의 만족 점수를 세계 행복 보고서 국가 수준 점수와 비교해보면 코로나로 인한 삶의 만족 하락에 미치는 계층 효과를 더 실감할 수 있다. 계층에 따른 연초와 연말 만족 점수 차이를 2020년 세계 행복 보고서에 발표된 국가별 삶의 만족 수준에 대입해 비교해봤다.

상위 계층의 만족 경험은 코로나 기간 동안 크게 감소한 데 반해,
하위 계층의 만족 경험은 코로나 내내 달라지지 않았다.

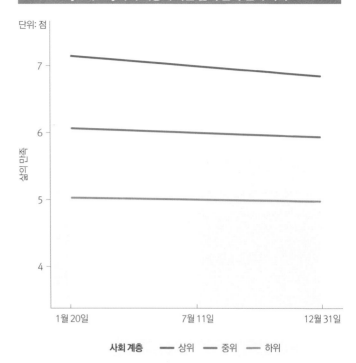

[그래프2] 사회 계층에 따른 삶의 만족 변화 차이

단위: 점

삶의 만족

1월 20일   7월 11일   12월 31일

사회 계층 — 상위 — 중위 — 하위

상위 계층은 연초에 13위와 14위에 해당하는 영국(7.165)과 이스라엘(7.129) 정도의 만족 수준을 보이다가 연말에 이르러서는 20위, 21위에 해당하는 벨기에(6.864)와 아랍에미리트(6.791) 수준의 만족을 보였다.

반면, 하위 계층은 연초 98위, 99위, 100위에 해당하는 카메룬(5.085), 베네수엘라(5.053), 알제리(5.005) 정도의 만족 수준을 보였고, 연말에도 그 수준을 유지했다. 상위 계층의 삶에 대한 만족이 많이 감소하기는 했지만, 여전히 하위 계층보다는 높다는 것을 보여준다.

긍정정서와 부정정서에서도 동일한 패턴을 확인할 수 있었다([그래프3]). 상위 계층이 하위 계층보다 긍정정서 감소 정도와 부정정서 증가 정도가 더 컸다(긍정정서: b=-0.07, p<.001; 부정정서: b=0.09, p<.001). 반면 하위 계층일수록 긍정정서와 부정정서 변화 정도가 크지 않았다.

[그래프3] 사회 계층에 따른 긍정정서와 부정정서 변화 차이

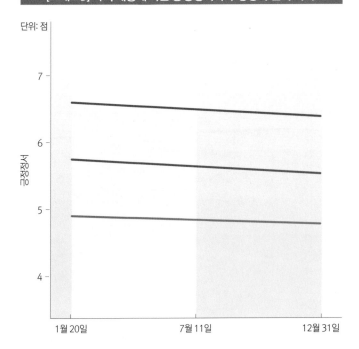

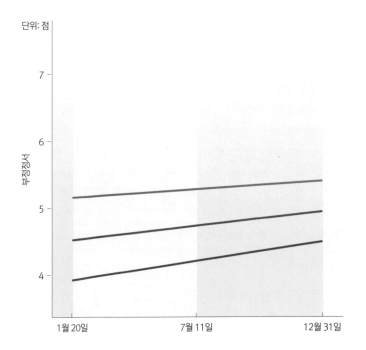

사회 계층 ── 상위 ── 중위 ── 하위

계층 효과가 연령, 성별, 지역에 따라 달라졌을까?

계층의 효과가 연령, 성, 지역에 따라 다른지도 살펴봤으나, 뚜렷한 효과는 없었다. 연령에 따라 행복 변화에 대한 계층 차이가 달라지는 패턴이 보이기는 했지만, 관찰 효과는 미미했다(b=0.00, p〈.012).

다시 말해 [그래프4]에서도 볼 수 있듯이, 상위 계층의 행복 감소 정도가 하위 계층보다 더 두드러지는 양상이 모든 연령대에서 일관되게 나타났고, 이러한 양상이 낮은 연령대에서 조금 더 뚜렷하게 나타났다. 하지만 이 효과는 매우 미약했다.

본 조사에서는 사회 계층이 코로나 기간 동안 행복 격차를 넓히는 쪽으로 작용했는지, 좁히는 쪽으로 작용했는지를 알아보았다. 조사 결과 평균 행복 수준에서는 상위 계층이 하위 계층보다 여전히 높았으나, 행복 감소의 정도에서는 하위 계층이 상위 계층보다 적었다.

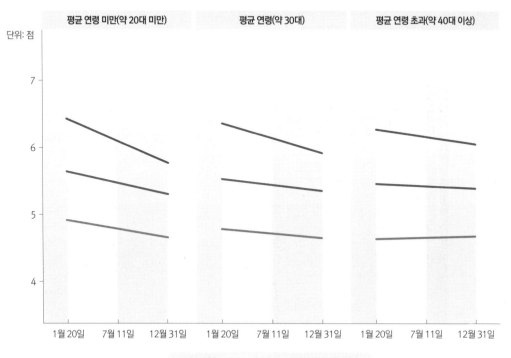

[그래프4] 연령에 따른 안녕지수 변화에 대한 계층 효과 차이

즉, 행복이 감소한 정도는 상위 계층에게서 크게 나타났지만, 상위 계층의 행복 평균값은 하위 계층의 값보다 여전히 높은 수준을 유지했다.

이는 코로나 기간의 어느 시점을 조사하더라도, 상위 계층의 행복도가 하위 계층보다 높다는 결과를 매번 얻을 수 있다는 의미다. 이는 행복에 미치는 계층의 강력한 효과를 다시금 보여주는 결과다 (Kahneman & Deaton, 2010; Tan et al., 2020). 그럼에도 불구하고 상위 계층의 행복 하락이 더 컸다는 점은 매우 중요한 발견이다.

상위 계층 행복의 가파른 감소와 하위 계층 행복의 완만한 감소는 무엇을 의미하는가?
상위 계층의 행복감 저하는 그들이 코로나로부터 받은 심리적 타격이 하위 계층보다 더 컸음을 드러낸다. 이는 코로나 전후 일상의 변화 정도가 계층에 따라 달랐기 때문이라고 해석될 수 있다.

코로나 이후 우리 삶이 과시와 과잉을 도려내는 쪽으로 변화하고 있다는 측면에서, 즉 사야 할 물건만 사고, 가야 할 장소만 가고, 만나야 할 사람만 만나는 식으로 일상을 간추리게 된다는 점에서(김수련 외, 2020), 이런 일상의 변화로부터 행복의 감소를 더 크게 겪은 계층이 상위 계층임을 의미한다.

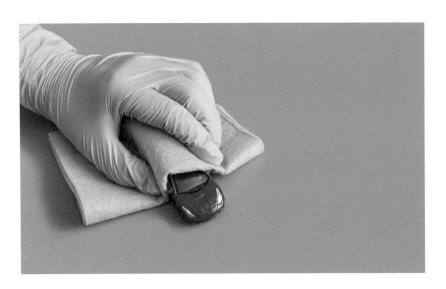

행복이 감소한 정도는 상위 계층에게서 크게 나타났지만,
상위 계층의 행복 평균값은 하위 계층의 값보다
여전히 높은 수준을 유지했다.

실제로 별도의 추가 분석에서 상위 계층일수록 코로나 이후 일상이 크게 변했다고 보고하는 경향이 나타났다. 코로나로 인해 상위 계층의 일상이 더 흔들렸음을 보여주는 것이다.

결론적으로 전염병 대유행은 상위 계층이 누리던 일상에 제동을 걸었고, 이로 인해 상위 계층 사람들은 코로나 이전보다 덜 행복해졌다고 할 수 있다.

그렇다면 하위 계층의 변화가 더 적은 것을 두고 이들이 코로나 사태에 더 높은 심리적 탄력성을 보였다고 결론 내릴 수도 있을까? 꼭 그렇지만은 않다.

본 조사 결과를 통해 하위 계층의 행복 감소세가 상위 계층에 비해 덜하기는 하지만, 여전히 상위 계층보다 덜 행복했음을 확인했다. 덜 감소했더라도 하위 계층은 여전히 불행한 일상을 살고 있던 것이다. 바이러스의 힘이 아무리 강력해도 계층의 강고한 벽을 허물지는 못했다.

Happiness in 2020

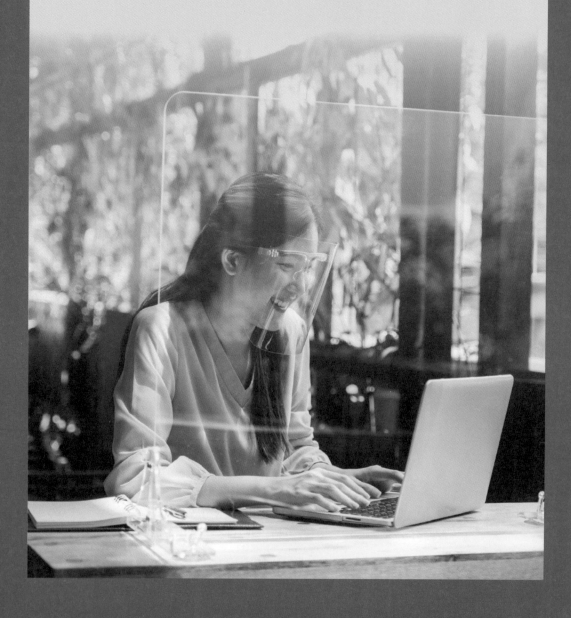

코로나 기간에도 행복을 지킨
사람들의 비결

긍정적인 사고와 친밀한 인간관계

2020년 대다수의 행복이 감소했지만, '회복탄력성'으로 행복을 잘 지켜내는 사람들도 존재했다. 이들의 특징을 알아낸다면, 코로나와 앞으로 다가올 또 다른 감염병 상황에 대처할 수 있는 심리적 방역 기술을 배울 수 있을 것이다. 이들의 비밀은 무엇일까? 이들은 어떤 노력을 했을까?

코로나는 우리 삶의 모든 부분에 영향을 미치고 있다. 한국에 코로나가 처음 발생한 이후 1년여 동안 우리는 경제, 정치, 여행, 국제 관계, 교육, 결혼 및 장례 문화에 이르기까지 삶의 전 영역에서 많은 변화를 경험했다. 뉴노멀의 시대가 오고 있는 것이다. 이런 광범위하고 전격적인 변화는 필연적으로 인류의 정신건강에도 큰 영향을 끼치게 된다.

앞서도 자세히 소개했듯이, 우리나라 사람의 정신건강은 코로나에 심대한 영향을 받았다. 외국의 연구 사례에서도 코로나가 사람들의 두려움과 불안을 증가시키고(Barari et al., 2020; Cao et al., 2020; Lee et al., 2020), 우울, 외로움, 지루함과 같은 부정정서를 평소보다 더 많이 유발한 것으로 밝혀졌다(Vindegaard & Benros, 2020). 미국인 1,000명을 대상으로 진행된 한 연구에 따르면, 많은 사람이 범불안(25.4%), 우울(36%), 일상기능장애(40.3%) 부분에서 진단 기준 이상의 높은 점수를 보였다고 한다(Lee et al., 2020).

그러나 코로나가 행복에 미치는 영향력은 모두에게 동일하지 않을 수 있다. 코로나 기간에 자신의 행복을 잘 지켜내는 사람도 있을 수 있고, 심각할 정도로 행복의 감소를 경험하는 사람도 있을 수 있다. 즉 코로나 기간에도 강한 회복탄력성을 보여주는 사람들이 존재하는 반면 그렇지 못한 사람들도 존재할 수 있다는 말이다.

만일 이 가설이 타당하다면 우리는 코로나 기간 동안 강한 회복탄력성을 보여준 이들의 특징을 분석해서, 아직도 끝나지 않은 코로나 상황과 앞으로 닥치게 될 또 다른 감염병 상황에 효과적으로 대처할 수 있는 심리적 방역 기술을 배울 수 있을 것이다.

우리는 이미 성, 나이, 계층 등과 같은 인구통계학적 변인과 코로나로 인한 행복감의 변화 정도에 어떤 관계가 있는지 살펴보았다. 그러나 이런 요인들은 개인의 의지로 바꿀 수 있는 것이나 단기간에 획득할 수 있는 것이 아니다.

따라서 이런 외적 요인보다 노력에 의해 개선 가능한 회복탄력성 요인을 추출하는 것이 훨씬 유용할 것이다. 이를 위해 우리는 심리학에서 '대처 전략(Coping strategy)'이라고 부르는 개인의 위기 대응 전략을 분석했다.

코로나가 우리의 웰빙에 미치는 힘

회복 탄력성을 높이는 대처 전략

코로나 기간에
자신의 행복을
잘 지켜내는 사람도
있을 수 있고,
심각할 정도로
행복의 감소를
경험하는 사람도
있을 수 있다.

대처(coping)란 '부정적 사건으로 유발되는 스트레스나 부정정서를 줄이고 견디려는 개인의 의식적인 노력'을 정의하는 단어다(Carver et al., 1989; Folkman & Lazarus, 1980; Lazarus & DeLongis, 1983; Lazarus & Folkman, 1984).

사람들이 사용하는 대처 전략은 매우 다양해서 기준에 따라 여러 가지로 구분되는데, 크게 '문제 해결 전략(problem-focused coping)'과 '정서 관리 전략(emotional-focused coping)'으로 나누는 것이 일반적이다.

문제 해결 전략이란 스트레스 유발 요인 자체를 바꾸려는 노력을 일컫는 것으로, 문제의 근본적 해결을 목표로 한다. 반면 정서 관리 전략은 문제 자체의 해결이 아니라, 문제 상황이 유발한 정서적 괴로움을 줄이거나 다스리기 위한 노력을 뜻한다. 일부 학자들은 문제 해결 전략이 아닌 다른 모든 종류의 대처 전략을 정서 관리 전략으로 간주하기도 한다(Carver et al., 1989).

코로나의 경우, 근본적인 문제 해결은 백신이나 치료제 개발을 통한 바이러스의 완전한 종식이기 때문에 일반인이 취할 수 있는 전략이 아니다. 따라서 코로나 상황에서의 대처 전략이란, 근본적인 문제 해결보다는 문제의 근원인 코로나로부터 자신의 건강을 지키고, 정서 관리를 위해 생각과 삶의 습관을 바꾸는 전략이 될 가능성이 높다. 본 연구에서는 그런 전략들 중 크게 세 가지에 주목했다.

대처 전략 1. 예방 행동

첫 번째로 살펴볼 대처 전략은 예방 행동이다. 높은 감염률과 사망률을 보이는 코로나로부터 자신과 공동체를 지키기 위해 사람들이 사용한 가장 일차적인 대처는 '손 위생', '마스크 쓰기', '사회적 거리 두기'와 같은 예방 행동이었다.

이 행동들은 신종 인플루엔자 A(H1N1), 메르스(MERS, 중동 호흡기 증후군) 등 이미 다른 전염병의 감염 예방에 효과적인 것으로 알려졌다(Bish & Michie, 2010; Chew et al., 2020; Rubin et al., 2009; Tang & Wong, 2004; Morrison & Yardley, 2009).

비록 백신이나 치료제 같은 근본적인 문제 해결 전략은 아니지만 다른 전략들에 비해 문제의 근원으로부터 자신을 보호한다는 점에서 '문제 해결 전략'으로도 간주될 수 있다.

적극적으로 예방 수칙을 이행하면 코로나 감염으로부터 개인과 공동체의 건강을 지킬 수 있다는 것은 이미 잘 알려진 사실이지만, 과연 이 행동이 사람들의 '행복'도 지켜줬을까?

손 씻기와 마스크 착용 같은 행위가 감염의 두려움과 불안까지 완화시켜줬을까? 아니면 역설적으로 강화했을까? 마스크 착용으로 인한 호흡 불편과 피부 접촉, 소통 방해 등과 같은 요인이 오히려 짜증과 스트레스를 유발하지는 않았을까?

지금까지는 이런 예방 행동의 감염 방지 효과에 대한 연구가 주로 진행돼왔다면(Brooks et al., 2020; Ferguson et al., 2020; Liang et al., 2020), 본 연구에서는 예방 행동이 정신건강에 미치는 효과를 분석하고자 했다.

손 씻기와 마스크 착용 같은 행위가
감염의 두려움과
불안까지 완화시켜줬을까?
아니면 역설적으로 강화했을까?

대처 전략 2. 인지적 재해석

두 번째 유형의 대처 전략은 인지적 재해석이다. 인지적 재해석은 정서 관리 전략의 한 종류로 문제 해결을 위한 직접적 행동이 아닌, 문제 상황으로 발생한 스트레스를 줄이기 위해 관점과 생각을 바꾸는 전략을 말한다.

문제 상황을 있는 그대로 수용하거나 긍정적인 관점에서 다시 해석해보려는 노력이 인지적 재해석에 속한다. 스트레스의 원인을 근본적으로 제거하기 위한 전략이 제한되어 있을 때 인지적 해석은 큰 효과를 발휘한다(Morling & Evered, 2006).

인지적 재해석의 긍정적 효과는 이미 많은 연구를 통해 증명됐다(Carver & Scheier, 2012; Gross, 2015). 예를 들어 스트레스 상황으로부터 심리적 거리를 두거나, 이 상황이 크게 위협적이지 않다고 생각을 바꾸면 두려움과 불안이 줄어드는 것으로 나타났으며(Folkman & Lazarus, 1980) 스트레스 상황의 긍정적 의미나 숨겨진 혜택을 찾는 등 좋은 측면에 집중하는 것도 긍정적 효과를 발휘하는 것으로 밝혀졌다(Shiota & Levenson, 2012; Tennen & Affleck, 2002).

본 연구에서는 '코로나 상황을 있는 그대로 수용하는 것(심리적 수용)', '코로나 상황을 한 걸음 떨어져서 바라보는 것(심리적 거리두기)', '코로나 상황의 긍정적인 점을 찾아보는 것(긍정적 재해석)', 이 3가지 인지적 재해석 전략의 효과를 분석했다.

대처 전략 3. 행동 전략(관계 강화와 취미 활동)

세 번째 전략은 행동 전략이다. 행동 전략은 문제 상황에서 겪는 정서적 어려움을 줄이기 위한 전략이라는 점에서 인지적 재해석과 함께 정서 관리 전략으로 분류된다.

인지적 재해석이 문제 상황에 대한 생각을 바꾸는 데 초점을 맞춘다면, 행동 전략은 삶의 습관과 행동을 바꾸는 데 주력한다는 점이 다르다. 코로나 기간 중 타인과 비대면 교류를 활발히 하거나 취미 활동을 시작하는 게 그 예가 될 수 있다.

심리학 연구에 따르면 사회적 지지는 심리적 어려움을 줄이는 데 매우 효과적이다(Kim et al., 2008; Thoits, 1995). 고강도 사회적 거리두기로 인해 사회관계가 단절된 코로나 상황에서 친구 혹은 멀리 떨어져 있는 가족들에게 문자나 전화를 더 자주 하는 것은 정서적 유대감을 확인하고 사회적 지지를 확보하도록 하여 정신건강에 긍정적 효과를 가져올 수 있다.

실제로 많은 연구자가 코로나 기간의 사회적 고립 상황을 이겨나가기 위한 방법으로 개인의 사회적 지지 시스템 활성화를 제안하기도 했다(Brooks et al., 2020; Fiorillo & Gorwood, 2020; Holmes et al., 2020).

또 다른 행동 전략은 취미 활동 등에 전념해 스트레스를 극복하는 전략으로, 일종의 회피 전략이다. 코로나 이전에 하지 않았던 새로운 취미를 시작하거나 유행하는 놀이를 따라하면서 코로나로 인한 무기력과 지루함을 이겨내려는 전략인 것이다.

예를 들어 손으로 수백 번 저어 만드는 '달고나 커피'는 사회적 거리두기로 인한 정서적 어려움을 이겨내려는 사람들의 행동 전략이 빚어낸 새로운 용어다. '홈트(홈트레이닝)'는 코로나로 인해 본격적으로 유행하게 된 활동으로, 코로나 기간 중 누구나 한 번쯤은 도전해봤을 행동 전략이었다. 코로나 기간에 사람들이 시도한 다양한 관심 돌리기 활동이 행복 유지에 도움이 됐을 것으로 예상해볼 수 있다.

코로나 이전에 하지 않았던 새로운 취미를 시작하거나 유행하는 놀이를 따라하면서 코로나로 인한 무기력과 지루함을 이겨내려는 전략인 것이다.

회복탄력성이 높은 사람의 대처 전략 특성

대처 전략 연구, 그 방법과 결과

회복탄력성이 높은 사람의 대처 전략 특성은 무엇일까? 본 연구에서는 코로나 기간 동안 사람들의 행복 변화를 살펴보고, 대처 전략에 따라 행복의 변화가 유의미하게 다른지, 다르다면 그 이유는 무엇인지 분석했다(Kim et al., 2021).

이를 위해 한국에 코로나 확진자가 처음 발생한 2020년 1월 20일부터 첫 번째 고강도 사회적 거리두기가 끝난 시점인 2020년 4월 22일까지 총 94일 동안 사람들의 안녕지수와 대처 행동을 측정했다.

본 연구의 목표가 대처 행동에 따른 행복의 변화를 알아보는 것이었기 때문에, 연구 기간 중에 적어도 2번 이상 안녕지수 문항에 응답을 했고, 대처 전략 관련 질문에도 응답한 사람만을 연구 대상으로 선정했다. 분석에 포함된 참여자는 10,464명으로, 평균 나이 33.83세(표준편차 = 12.20), 여성이 88.6%였으며, 35,846건의 응답을 제공했다. 참여자들은 관찰 기간 동안 평균적으로 약 3.43번씩 안녕지수 문항에 응답한 것으로 나타났다.

안녕지수는 삶의 만족도, 삶의 의미, 스트레스, 긍정정서, 부정정서의 평균으로 만들어졌으며, 이때 부정정서는 역코딩했다. 각 문항은 0점에서 10점 척도로 측정됐다. [표1]과 같이 대처 행동에 해당하는 '예방 행동', '인지적 재해석', '행동 전략'은 각각 3개, 3개, 2개의 문항을 이용해 측정했으며 노력 정도를 묻는 1점에서 5점 사이 척도를 사용했다. 또한, 코로나 발생 첫날인 1월 20일은 0, 마지막 날인 4월 22일은 1로 설정하여 전체 94일의 관찰 기간을 분석의 기준으로 삼았다.

[표1] 코로나 대처 전략 문항

예방 행동	감염 예방을 위해 사회적 거리두기를 적극 실천한다
	예방을 위해 손 씻기/손 소독 등 위생을 철저히 한다
	예방을 위해 마스크 착용을 잘 하고 있다
인지적 재해석	코로나 사태가 초래한 현실을 받아들이고 있다
	코로나 사태를 긍정적 관점에서 보려 노력 중이다
	현 사태는 큰 문제가 아니라며 스스로를 다독이고 있다
행동 전략	사태에서 잠시라도 벗어나기 위해 취미 활동 등을 한다
	최근 가족, 친구와 전화/문자를 더 자주 하곤 한다

분석 결과 2020년 1월 20일부터 4월 22일까지 한국인의 행복은 유의하게 감소한 것으로 나타났다(b=-.391, p<.001 [그래프1]). 코로나 초기 한국인의 행복이 전반적으로 하락했다는 것을 뜻한다.

또한, 코로나 시작 기간인 1월 20일부터 3월 19일(평균=5.213, 표준편차=1.854)과 고강도 거리두기 기간인 3월 20일부터 4월 22일(평균=4.956, 표준편차=1.992), 이 두 기간의 평균 행복을 비교해볼 때 거리두기 실시 기간의 평균 행복이 그 전 기간보다 유의하게 더 낮았다. 특별히 **고강도 거리두기 실시 첫날인 3월 19일에 행복이 급격히 감소(b=-.251, p<.001)한 것으로 나타났다.**

코로나 초기에 한국인의 평균 행복은 감소했지만, 놀랍게도 웰빙 변화에는 개인 간에 유의미한 차이(variance=1.574, p<.001)가 있는 것으로 밝혀졌다.

평균적으로는 감소한 것이 맞지만, 자세히 들여다보면 어떤 사람의 행복은 크게 감소했고, 다른 어떤 사람의 행복은 변화가 전혀 없거나 도리어 증가했던 것이다([그래프1]). 코로나 기간에도 회복탄력성을 가진 사람들이 존재한다는 것을 보여주는 결과다.

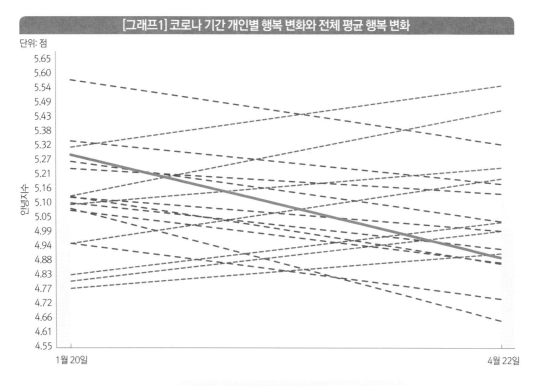

단위: 점

안녕지수

1월 20일   4월 22일

—— 전체 평균 행복 변화
– – 무작위로 추출된 행복 증가 패턴을 보인 연구 참여자
--- 무작위로 추출된 행복 감소 패턴을 보인 연구 참여자

그렇다면 회복탄력성이 높은 사람과 그렇지 않은 사람이 있던 것은 그들이 사용한 대처 전략의 정도가 달랐기 때문이었을까? 답은 '그렇다'다. 분석 결과, 코로나 기간 사람들 간에 웰빙 변화가 증가, 유지, 혹은 감소로 서로 달랐던 것은 사용한 대처 전략 정도가 다르기 때문인 것으로 나타났다.

구체적으로, 예방 행동은 웰빙 변화율과 부적 관계(b=-.316, p<.001)를 나타냈고, 인지적 재해석과 행동 전략은 웰빙 변화율과 정적 관계(인지적 재해석: b=.685, p<.001, 행동 전략: b=.418, p<.001)를 보였다. 이 결과는 예방 행동을 많이 할수록 웰빙이 더 급격히 감소했고, 인지적 재해석과 행동 전략을 많이 할수록 웰빙의 감소가 덜 했다는 것을 뜻한다([그래프2]).

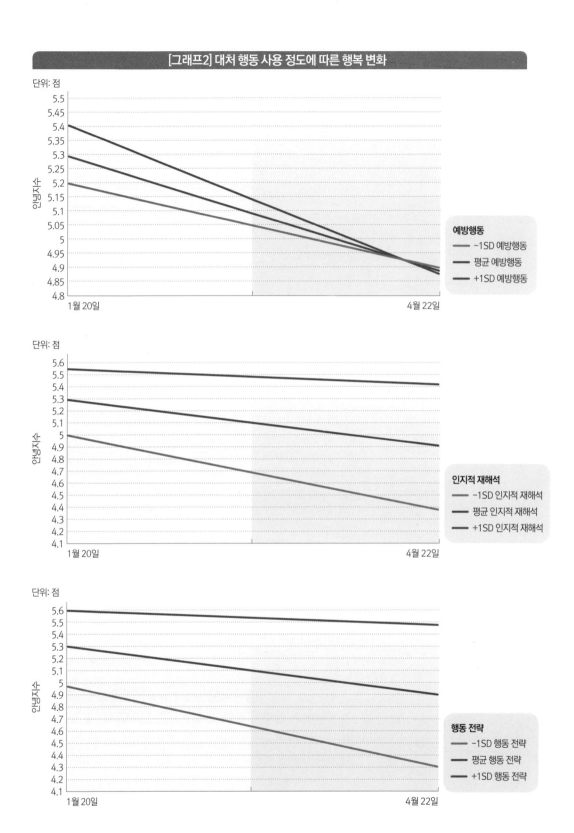

[그래프2] 대처 행동 사용 정도에 따른 행복 변화

단위: 점

안녕지수

예방행동
— -1SD 예방행동
— 평균 예방행동
— +1SD 예방행동

1월 20일 / 4월 22일

단위: 점

안녕지수

인지적 재해석
— -1SD 인지적 재해석
— 평균 인지적 재해석
— +1SD 인지적 재해석

1월 20일 / 4월 22일

단위: 점

안녕지수

행동 전략
— -1SD 행동 전략
— 평균 행동 전략
— +1SD 행동 전략

1월 20일 / 4월 22일

[그래프2]를 자세히 들여다보면 각 대처 전략을 얼마나 사용했는가에 따라 웰빙 감소의 기울기가 다름을 알 수 있다.

예방 행동의 경우, 매우 흥미롭게도 예방 행동을 많이 할수록 행복의 감소 정도가 더 큰 것으로 나타났다. 이는 손 씻기, 마스크 쓰기 등의 행동이 사람들에게 안심을 주기보다는, 오히려 위험을 상기시켰을 수 있음을 시사한다.

뿐만 아니라 개인 예방 행동이 야기하는 신체적 불편감, 개인의 자유가 제약되는 것에 대한 심리적 저항 등이 작용했을 수 있음도 보여준다.

인지적 재해석과 행동 전략에서는, 각 전략을 적게 사용한 사람들의 경우 행복의 감소가 뚜렷했다. 반면, 각 전략을 충분히 사용한 사람에게서는 행복의 감소가 미약하거나, 전혀 일어나지 않았다.
인지적 재해석 혹은 행동 전략을 열심히 실천한 사람들의 행복 감소의 기울기는 그렇지 않은 사람들에 비해 훨씬 작거나 전혀 유의하지 않았던 것이다.

다시 말해, 코로나 상황을 있는 그대로 수용하고 적절하게 심리적으로 거리를 두면서, 코로나 상황이 가져다준 긍정적인 혜택을 생각해보려고 노력한 사람들, 그리고 타인과 교류를 넓히거나 적극적으로 취미 활동에 참여해 관심을 다른 곳으로 전환한 사람들은 코로나 초기에 행복의 감소를 경험하지 않았던 것이다.

세 가지 대처 전략 중 행복 변화에 가장 큰 영향을 미쳤던 전략은 무엇일까?

분석 결과 예방 행동이 코로나 초기 행복 변화에 끼치는 부정적 영향보다는 인지적 재해석 혹은 행동 전략이 행복 변화에 끼치는 긍정적인 영향이 유의미하게 더 큰 것으로 나타났다. 반면 인지적 재해석과 행동 전략이 행복 변화에 끼치는 영향은 다르지 않았다.

이는 적극적인 예방 효과 실천으로 행복이 감소하더라도 인지적 재해석이나 행동 전략을 사용하면 회복할 수 있음을 나타낸다.

앞서 말했듯, 예방 행동은 감염 위험에서 우리를 보호해주지만 행복에는 부정적 영향을 주는 것으로 나타났다. 이 관계를 설명하는 메커니즘은 본 연구 결과를 통해서는 정확한 알 수 없지만 사회적 거리두기, 마스크 쓰기, 위생 관리와 같은 행동이 일상 생활에 미친 불편과 사회적 단절을 원인으로 생각해볼 수 있다.

또한 감염에 대한 두려움이 너무 큰 상태에서 실시하는 예방 행동은 두려움을 줄이는 게 아니라 도리어 증폭시키고 또 다른 부정정서들을 낳았을 가능성도 배제할 수 없다.

자발적 실천이 아닌 강화된 사회적 규범과 같은 외부적 요인에 의해 실시된 예방 수칙은 개인의 자율성을 침해하여 행복에 부정적 영향을 미쳤을 가능성도 있다. 자기 결정성 이론(Self-determination theory)에 따르면 인간은 유능감과 관계, 자율성이 만족되었을 때 내적 동기와 정신건강이 향상된다고 한다(Ryan & Deci, 2000). 추후 더 체계적으로 연구돼야 할 주제다.

긍정적으로 상황을 재해석하고 코로나가 가져다준 의미 있는 혜택을 찾아내려고 노력하는 태도, 그리고 상황으로부터 적절한 심리적 거리를 두는 인지적 재해석은 팬데믹 기간 행복의 감소를 막는 효과적인 방법이었다.

마지막으로, 주변 사람들과 적극적으로 소통하고 취미 활동 등에 참여한 사람들도 행복 수준을 잘 유지할 수 있었다. 일반적으로 사회적 관계를 잘 유지하는 것은 행복에 긍정적인 역할을 하는 것으로 널리 알려져 있다. 본 연구는 그 효과가 코로나 팬데믹 같은 상황에서도 여전히 유효함을 확인시켜줬다.

이 결과는 개인 차원의 노력뿐 아니라, 정책적 노력에도 중요한 시사점을 제공한다. 예를 들어 비대면 소통이 어려운 상황에 있는 사람들(노약자, 장애인)에게 비대면 소통과 교류의 기회를 제공하는 정책이 필요함을 시사한다. 또한, 감염의 위험이 없는 다양한 활동을 장려하는 것이 중요할 것으로 보인다.

장기화된 코로나 시대, 회복탄력성을 갖추기 위한 대처 전략

취미 활동을 위한 주의 관리의 힘

본 연구를 해석할 때 주의해야 할 점은, 예방 행동이 행복 유지에 도움이 되지 않는다는 결과를 두고 예방 행동을 불필요한 것으로 여기면 결코 안 된다는 점이다. 다양한 인지적 재해석이나 사회적 지지 활동을 강화시켜서 예방 행동의 심리적 불편함을 보완해야 한다는 편이 훨씬 정확한 해석이다.

코로나 상황에 대해 긍정적 재해석을 하지 않거나, 취미 활동이나 사회적 지지 강화 노력을 하지 않은 채 예방 행동만 하게 된다면 심리적 불편감이 매우 심해질 수 있음을 본 연구가 보여주고 있는 것이다.

긍정적인 관점으로 상황을 재해석하는 힘,
친밀한 관계를 통한 사회적 지지의 힘,
취미 활동을 통한 주의 관리(attention management)의 힘.
코로나 기간 회복탄력성의 핵심이었다.

Happiness in 2020

코로나가 던지는 위험한 질문,
타인은 득(得)일까? 해(害)일까?

행복을 증가시키는 친구와 배우자의 힘

2020년은 타인으로 인해 감염되는 코로나가 전 세계를 휩쓸었다. 이 시기 관계는 우리의 행복에 도움이 되었을까, 아니면 독이 되었을까? 코로나 이후 관계는 어떻게 변할까?

코로나는 인류에게 재앙이었지만, 동시에 우리의 삶을 되돌아볼 수 있는 기회이기도 했다.

현재의 자본주의가 최선인가?
현재의 일하는 방식이 최선인가?
현재의 학교 형태가 최선인가?
현재의 종교는 살아남을 것인가?
…

위와 같은 문제 제기를 통해 코로나는 생활양식을 바꾸는 것을 넘어, 삶에 대한 근본적인 가치들을 변화시키고 있다(Bojanowska et al., 2020). 코로나 팬데믹 발생 이전부터 이미 진행되고 있던 가치들의 변화가 가속화되고 있고, 한 번도 의심을 품지 않았던 가치들에 대한 성찰도 불러일으키고 있다.

예를 들어 일과 삶의 균형(Work-life balance), 일명 '워라밸'을 중시하는 흐름은 코로나로 인해 더욱 강화되고 있고(이유진, 2020), 재택근무와 원격회의가 일상화되면서 '오피스' 중심으로 일하던 방식에도 급격한 변화가 이루어지고 있다(Brynjolfsso et al., 2020; Kniffin et al., 2021). 특히 지금껏 심각한 도전을 받지 않았던 가치들 중 코로나로 인해 새롭게 도전받기 시작한 대표적인 주제가 '타인'과 '관계'에 대한 문제다.

학자들은 타인과의 친밀한 인간관계가 인간 삶에 가장 중요한 요소라고 말한다. 많은 연구들이 친밀한 관계는 인간의 가장 근본적인 동기이자 행복의 필수 요소임을 반복적으로 밝히고 있으며(Baumeister & Leary, 1995; Griffith et al., 2019), 건강과 수명에도 반드시 필요한 요소임을 증명하고 있다(Holt-Lunstad et al., 2010).

회복탄력성의 핵심 또한 마찬가지다. HIV 환자 중에서도 친밀한 사람들에게 자신의 상태를 알리고 지지받은 이들이 그렇지 않은 이들에 비해 증세 악화가 더딘 것으로 밝혀졌다(Bekele et al., 2013).

외로움이라는 주제를 신경과학적으로 연구해온 세계적인 심리학자 존 카치오포(John Cacioppo)는 대기오염으로 인한 사망률이 5%인 것에 비해, 외로움으로 인한 사망률은 25%에까지 이른다고 주장했다(UCLA Health, 2016).

현재의 우리 삶은 최선일까?

친밀한 관계가 행복에 미치는 영향

친밀한 관계의 가치가 학자들의 연구를 통해서만 증명된 것은 아니다. 문학, 예술, 종교 각 분야의 다양한 논의 또한 동일한 증언을 하고 있고, 일반인들도 종종 삶의 경험을 통해 관계의 중요성을 깨달았다고 밝히곤 한다.

작가이자 철학자인 괴테는 "나에게 낙원에서 홀로 살게 하는 것보다 더 큰 형벌은 없을 것이다"라는 말로 관계가 없는 실존의 무의미함을 역설했고, 철학자 사르트르는 "타인이 지옥이다"라는 말로 인간관계의 중요성을 요약했다. 우리 조상도 '친구는 옛 친구가 좋고 옷은 새 옷이 좋다'라는 속담을 통해 신뢰할 수 있는 친밀한 관계의 유익을 강조했다.

그러나 친밀한 인간관계가 사르트르의 말처럼 불행의 원인이 되기도 하는 것같이, 타인과의 공동생활은 감염과 위생에 위험 요인으로 작동하기도 한다(D'Onofrio Jr, 2021; Spitzberg & Cupach, 2013). 그에 그치지 않고 비만이나 우울도 타인으로부터 전염되며(Bastiampillai et al., 2013; Christakis & Fowler, 2007), 타인의 존재가 우리 안의 충동성과 폭력성을 강화시키기도 하고(Diener, 1977; Zimbardo, 1969), 때로는 나태를 유발해 생산성을 떨어뜨리기도 한다(Mullen et al., 1991).

그러나 이런 위험들에도 불구하고 타인과의 친밀한 관계는 우리의 생존과 행복에 가장 중요한 요소로 인정받아왔다.

타인과의
공동생활은 감염과
위생에 위험 요인으로
작동하기도 한다.

코로나는 친밀한 관계에 내포된 위험성에 대해 경각심을 매우 강화시켰다. 2020년 1월에서 3월까지 한국의 코로나 확진 양상을 분석한 결과를 보면 지역사회에서 코로나 확진자와 접촉한 사람은 100명 중 2명만 감염된 반면, 가족 내 확진자와 접촉한 경우는 10명 중 1명꼴로 감염된 것으로 밝혀졌다(Park et al., 2020). 가족에게 감염될 가능성이 낯선 타인에게 감염될 가능성보다 5배 이상 높다는 뜻이다.

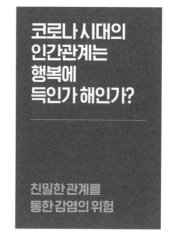

코로나 시대의
인간관계는
행복에
득인가 해인가?

친밀한 관계를
통한 감염의 위험

인류는 전염병을 자주 경험한 문화권일수록 악수, 포옹과 같은 신체적 접촉을 줄이고 공공장소에서 부부나 연인 사이의 신체적 애정 표현을 금기시하는 등, 친밀한 관계에 대한 경계심을 중요하게 생각해왔다.(Murray et al., 2017). 코로나가 친밀한 관계에 대한 이런 경계심을 극대화시킨 것이다.

그렇다면, 코로나 시대에 '관계'는 득인가 해인가?

코로나가 던지는 근원적인 질문이다. 타인과의 친밀한 관계와 신체 접촉은 앞에서 살펴봤듯이 행복과 건강에 필수적이다. 타인이 행복에 미치는 긍정적인 영향은 가족, 연인, 친구를 넘어, 상사나 동료 같은 직장 내의 공적 관계에서도 발견된다.

연구에 따르면 직장 상사나 부하의 지지는 근로자의 행복감에 중요한 작용을 하며(Hämmig, 2017; Shanock & Eisenberger, 2006), 직장 동료에 대한 만족감이 높은 날은 직무 만족도도 함께 높아지는 것으로 나타났다(Simon et al., 2010).

그렇다면 코로나 시대에도 이런 모든 관계가 동일하게 득일까? 아니면 어떤 관계는 해일까?

코로나 시대에 타인은 양날의 검이 되었다. 친밀한 인간관계가 제공하는 혜택에 대해 큰 의심 없이 살아왔지만, 이제 그 가치에 대해 근본적인 질문을 던지게 된 것이다.

타인이 행복에 미치는 긍정적인 영향은 가족, 연인, 친구를 넘어,
상사나 동료 같은 직장 내의 공적 관계에서도 발견된다.

이 난제를 풀기 위해 우리는 두 가지 분석을 시도했다.

우선, 서울대-카카오 데이터에서 '**지각된 사회적 지지**(perceived social support)' 항목을 분석했다. 지각된 사회적 지지란 응답자 스스로가 자신의 사회적 관계를 어떻게 느끼고 있는지를 의미한다. 주변 사람들로부터 얼마나 존중받고 있다고 느끼는지, 얼마나 관심과 사랑을 받고 있다고 생각하는지, 또한 감정적으로 의지할 수 있는 사람들이 얼마나 있다고 여기는지 등의 질문에 대한 응답으로 측정되는 개념이다(Zimet et al., 1990).

응답자들은 가족, 친구, 또는 특별하게 여기는 사람으로부터 얼마나 심리적으로 지지를 받고 있다고 생각하는지를 총 12개의 문항에 7점 척도(1점: 전혀 그렇지 않다, 7점: 매우 그렇다)로 답했다.

우리는 사회적 지지와 행복의 관계가 코로나 발생을 기점으로 바뀌었는지 살펴보고자 했다. 이를 위해 국내 첫 확진자가 발생한 2020년 1월 20일부터 5월 31일까지와 코로나 발생 이전인 2019년 같은 기간 동안의 데이터를 분석했다. 두 기간 동안 사회적 지지와 안녕지수 모두에 응답한 사람 832명의 사회적 지지 정도, 안녕지수 정도, 그리고 이 둘에 대한 관계를 분석했다(Lee et al., under review).

[그래프1] 코로나 이전과 이후
지각된 사회적 지지

단위: 점

코로나 이전 (2019년)	코로나 이후 (2020년)
4.56	4.55

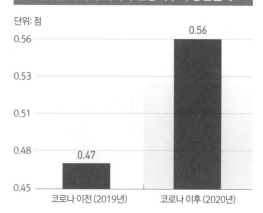

[그래프2] 코로나 이전과 이후
지각된 사회적 지지와 안녕지수의 상관관계

단위: 점

코로나 이전 (2019년)	코로나 이후 (2020년)
0.47	0.56

응답자들은 21세부터 70세로 평균 나이는 33.87세(표준편차 10.32), 대부분 여성(82.7%)이었다. 여성 응답자가 압도적으로 많은 점이 한계이기는 하지만, 코로나가 정신건강에 미친 다른 많은 연구에서도 남성보다 여성이 다수를 차지한다는 점을 감안할 필요가 있다(e.g., Suk et al., 2020; Xiong et al., 2020).

분석 결과, 매우 흥미롭게도 사회적 지지의 평균값 자체는 코로나 발생 전후로 유의한 차이가 없었다. 다시 말해, 평소 느끼던 사회적 지지 정도가 코로나 기간에도 그대로 유지되고 있음을 보여준다.

그러나 우리의 주 관심사인 사회적 지지와 행복의 관계는 유의하게 달라져 있었다. [그래프2]에서 볼 수 있듯이, 사회적 지지와 행복의 관계는 코로나 기간에 유의하게 증가했다. 즉, 주변 사람들로부터 받는 사회적 지지는 코로나 이전보다 코로나 기간에 행복에 더 강력한 힘을 발휘했다는 뜻이다. 반대로 말하자면 외로움의 위험성이 코로나 기간에 유의하게 커졌다는 의미이기도 하다. 코로나 기간에 관계는 해가 아니라 득이었음을 시사하는 결과다.

주변 사람들로부터 받는 사회적 지지는 코로나 이전보다
코로나 기간에 행복에 더 강력한 힘을 발휘했다는 뜻이다.

단순히 누군가와 함께 있는 것만으로도 행복감이 증가했을까?

위 결과가 코로나 기간에는 친밀한 관계가 행복에 더 강한 힘을 발휘했음을 시사해주기는 하지만, 두 가지 측면에서 분명 한계를 지니고 있었다.

첫째, 다른 사람과의 관계에 대한 응답자의 주관적 판단에 기초하고 있을 뿐, 코로나 기간 동안 **타인이 물리적으로 옆에 함께 있는 경우의 효과를 보여주는 것은 아니다.** 따라서, 코로나 기간 동안 실제로 다른 사람이 옆에 있을 때 행복감이 어떻게 변화했는지 추가로 알아볼 필요가 있다.

코로나 상황에서 타인이 물리적으로 옆에 존재하는 것 자체가 불안과 두려움의 요소라면, 타인의 존재와 행복의 관계는 코로나 이전보다 더 부정적으로 변했을 것이다. 그러나 그 반대라면 행복감은 더 긍정적으로 변했을 것이다.

두 번째, 위 데이터는 타인의 유형을 구분하지 않고 있기 때문에 모든 존재가 코로나 기간 동안 득이었는지, 아니면 해가 된 존재도 있었는지에 대해서는 답하지 못하고 있다. 어떤 타인은 코로나 기간 동안 행복에 부정적인 영향을 끼쳤을 수 있고, 어떤 타인은 긍정적인 영향을 끼쳤을 수도 있다.

우리는 이런 한계들을 극복하기 위해 서울대학교 행복연구센터가 보유한 데이터베이스를 활용하기로 했다. 이는 30대와 40대 한국인의 데이터로, 2017년과 2020년 상반기 각각 **경험표집법**(experience sampling method)을 사용해 구축됐다.

경험표집법이란 일상에서 경험하는 바를 실시간적으로 측정하는 방법이다. 그렇기 때문에 일상 생활에서 느끼는 순간순간의 행복을 최대한 훼손되지 않게 측정할 수 있다는 큰 장점이 있다(Hektner, Schmidt, & Csikszentmihalyi, 2007).

특히 측정하는 순간 타인이 물리적으로 옆에 존재하는지를 확인할 수 있기 때문에 타인의 존재가 행복에 미치는 영향을 정확히 분석할 수 있다는 점이 커다란 이점이었다.

연구 참가자들은 2주간 하루 세 번씩 스마트폰을 통해 설문을 받고, 당시의 상황과 행복감에 대해 실시간으로 응답했다. 2017년에는 총 234명이 참가했으며(여성 50.4%) 평균 나이는 39.91세(표준편차 5.50)였다. 코로나 기간 중인 2020년에는 총 199명이 참가했고(여성 50.8%) 이들의 평균 나이는 39.40세(표준편차 5.88)였다. 두 해 모두 비슷한 연령대와 성별 분포를 가진 사람들로, 전문조사기관의 도움을 받아 동일한 RDD(random digit dialing) 방식으로 표집됐다.

이 조사에서 참가자는 "지금 이 순간 누군가와 함께 있습니까?"라는 질문을 받았고, '예'라고 답한 경우에는 그 사람이 누구인지에 대한 추가 질문을 받았다. 그리고 당시의 행복을 측정하기 위해 응답하는 순간의 기분, 행복, 삶의 의미, 삶의 목적, 스트레스, 지루함, 외로움에 대해 11점 척도로 대답했다(0점: 매우 기분이 나쁘다/전혀 느끼지 않는다, 10점: 매우 기분이 좋다/매우 느낀다). 행복 점수는 마지막 세 문항을 역코딩한 후 전체 문항들을 합하여 평균을 낸 값으로 계산하여 도출했다.

친구, 연인, 배우자와 같이 있는 것은
혼자일 때보다 행복에 긍정적인 영향을 미쳤고,
이는 코로나 전이나 코로나 기간 모두 동일했다.
이들과 보내는 시간이 행복에 중요하다는 의미다.

[그래프3] 코로나 이전과 이후, 누군가와 함께 있는 것과 행복의 관계

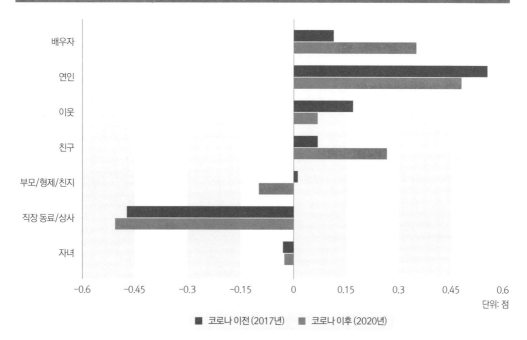

단위: 점

■ 코로나 이전 (2017년)　　■ 코로나 이후 (2020년)

위 그래프는 "누군가와 함께 있나요?"라는 질문에 '아니오'라고 답한 순간(즉, 혼자일 때)과 '예'라고 답한 순간(즉, 누군가와 함께 있을 때)이 행복과 어떤 관계를 맺고 있는지를 보여준다. 보이는 것처럼, 누군가와 함께 있는 것과 행복감, 코로나 상황의 관계는 함께 있는 대상의 종류에 따라 다른 것으로 나타났다.

우선 친구, 연인, 배우자와 같이 있는 것은 혼자일 때보다 행복에 긍정적인 영향을 미쳤고, 이는 코로나 전이나 코로나 기간 모두 동일했다. 이들과 보내는 시간이 행복에 중요하다는 의미다. 그러나 더 눈여겨볼 부분은 코로나 이전에 비해 행복의 영향력이 더 커진 관계가 '배우자'와 '친구'라는 점이다. 사적인 친밀 관계는 코로나 기간에도 행복에 득이 되는 존재였으며, 그 중에서도 배우자와 친구의 긍정적인 힘은 더 강화되었다는 점을 알 수 있다.

하지만 직장 동료나 상사 같은 업무 관계에 있는 사람들과 함께 있을 때는 혼자일 때보다 행복감이 큰 폭으로 하락했고, 이는 코로나 전과 코로나 기간 모두 동일했다. 업무적 관계에 있는 사람들과 함께 있는 것은 코로나 기간에도 행복에 해가 된다는 점을 보여준다.

앞서 우리는 "코로나 시대의 인간관계는 행복에 득인가 해인가?"라는 질문을 던졌다. 분석 결과는 이 질문에 "득이다"라고 답하고 있다. 코로나 기간에 느낀 가족, 친구, 특별한 사람의 심리적 지지는 우리의 행복에 긍정적인 힘을 미쳤고, 가까운 사람과 물리적으로 함께하는 일은 혼자일 때보다 더 큰 행복을 경험하도록 만들었다.

**친밀한 관계는
코로나 기간에도
행복에 득**

포스트 코로나 시대의
인간관계

코로나 기간에 가까운 사람들과 돈독한 관계를 맺는 것은 행복에 긍정적인 역할을 하고, 특히 배우자와 친구의 경우는 코로나 이전보다도 더 강력한 힘을 발휘한다. 반면 직장 동료나 상사와 함께 시간을 보내는 건 코로나 기간이든 아니든 행복에 해가 되는 것으로 나타났다.

이 결과가 우리에게 시사하는 건 무엇일까?

첫째, 포스트 코로나 시대에는 우리의 인간관계가 신뢰할 수 있는 소수의 사람들로 재편될 가능성이 높다. 4차산업혁명으로 인한 비대면 플랫폼 산업의 성장과 전환(Bae & Chang, 2020)이 이를 더욱 가속화할 것으로 예상된다(Jmour, 2020). 한마디로 작은 단위의 관계망들로 구성된 사회가 될 것이라는 뜻이다.

둘째, 직장에서도 상사, 동료와 대면 접촉할 기회가 줄고 비대면 업무 환경이 늘어나는 방향으로 기업 문화가 변화할 것이다. 실제로 일본에서는 코로나 이후 대기업 건물 매각이 이어지고 있다(김규식, 2021).

'직장'이 더 이상
같은 공간에서 협업하는
'장소'의 개념이 아닌,
각자의 공간에서 맡겨진 일을
'수행'하는 개념으로
변화될 것임을 보여준다.

일본의 대표기업 중 하나인 '덴츠그룹'은 코로나 이후 원격근무가 늘고 공간 사용 면적이 감소하면서 아예 2021년 1월 도쿄 중심부에 위치한 본사 건물 매각을 추진했다. 초고층 본사 건물을 없애는 대신 원격근무 확대를 위해 위성 오피스를 설치할 예정이다.

이 같은 변화는 '직장'이 더 이상 같은 공간에서 협업하는 '장소'의 개념이 아닌, 각자의 공간에서 맡겨진 일을 '수행'하는 개념으로 변화될 것임을 보여준다.

직장에서의 행복이 업무 성과 향상(Duari, P., & Sia, 2013; Oswald, Proto, & Sgroi, 2015) 그리고 삶의 전반적인 행복 증가(Judge & Watanabe, 1993)로까지 연결된다는 점을 감안할 때, 불필요한 관계의 갈등을 차단하려는 공간 분리 작업이 향후 기업 문화의 중요한 요소가 될 것으로 여겨진다.

마지막으로, 코로나는 **네트워킹을 무한히 늘리려 했던 현대 사회의 욕망**(Flack & D'Souza, 2014)**에 브레이크를 걸었다**고 할 수 있다. '양'에서 '질'로의 전환이 인간관계에서도 일어날 것임을 시사해주는 결과다.

03

코로나로 밝혀낸 우리 사회의 비밀

감염병과 문화의 상호작용

Korea Happiness Report

Happiness in 2020

입국 금지의 심리학

왜 베트남은 대한민국의 입국 금지를 서둘렀을까?

코로나가 전 세계로 퍼지면서, 일부 국가들은 해외로부터의 입국을 금지하기 시작했다. 그중 베트남은 대한민국에서 첫 확진자가 나온 지 한 달밖에 지나지 않은 시점에 대한민국에 대한 입국 금지를 내렸다. 이러한 조치에 대한민국 국민들은 당황했고, 국가 간의 갈등으로 번졌다. 그렇다면 왜 베트남을 비롯한 몇몇 국가들은 대한민국에 대한 입국 금지를 빠른 시간 안에 결정했을까? 입국 금지에 숨겨진 놀라운 심리학적 비밀을 살펴보았다.

온 세계가 코로나로부터 자국민을 보호하기 위해 필사적 노력을 기울이고 있다. 백신과 치료제 개발을 통해 바이러스와 근본적으로 맞서는 한편, 마스크 착용 및 사회적 거리두기와 같은 방역을 통해 꾸준히 감염 확산을 예방하고 있다. 그러나 어떤 노력에 우선순위를 두느냐에 있어서는 국가별로 차이가 있다.

예를 들어, 스웨덴은 집단 면역(herd immunity) 전략을 취하며 사회적 거리두기를 크게 장려하지 않은 반면, 우리나라는 신속한 검진 시스템과 강력한 거리두기 정책으로 감염 추세를 줄였다(Fiore, 2020; Manantan, 2020; Reinberg, 2020).

이처럼 나라마다 다른 대처 방식은 그들 사이에 갈등을 유발하기도 했다. 서구 사회에서 마스크를 착용하는 사람에 대한 인종차별적 행위들이 발생하거나(이소라, 2020), 지나치게 느슨한 정책을 펴는 나라들에 대한 편견이 생겨난 것이 그 예다.

그중에서도 국가 간 갈등을 가장 증폭시켰던 이슈는 입국 제한 조치였다. 2019년 12월 우한에서 처음 발생했던 코로나가 한 달 만에 전 세계로 퍼지면서, 일부 국가들이 해외로부터의 입국을 금지하기 시작했다(황준범, 2020; Lee, 2020; Sands, 2020). 바이러스의 해외 유입을 방지하려는 시도였다.

그러나 특정 국가에 대한 입국 제한 조치 속도가 국가마다 다르다는 점은 오해를 불러일으켰다. 베트남이 한국에 취했던 입국 금지 조치가 바로 그 예시다. 베트남은 2020년 2월 29일에 한국인의 무비자 입국을 금지했다. 우리나라에서 첫 확진자가 나온 2020년 1월 20일로부터 불과 한 달밖에 지나지 않은 시점이었고, 대구와 경북 지역에서 확진자의 폭발적 증가로 상황이 악화된 지 2주가 채 되지 않은 때였다.

급기야 하노이로 향하던 인천발 여객기가 베트남 당국의 갑작스러운 착륙지 변경 지시로 인해 불가피하게 회항하는 사태까지 발생했다. 국내 여론은 이 같은 사태를 예방하지 못한 정부의 외교력을 비판했다. "빈정 상한다" "맞대응해야 한다" 등 실망과 분노의 목소리가 들끓었다. 그럼에도 일주일 후 한국과 베트남의 모든 직항 편이 끊겼다(Horton, 2020; Kim, 2020; 뉴시스, 2020).

한국인에 대한 입국 금지: 무엇이 베트남을 서두르게 했을까?

대한민국에 대한 베트남의 입국 제한 조치

다른 어떤 나라들보다도 빠르게 한국 여행객의 입국을 막은 베트남의 행동은 우리 사회 전체에 큰 파장을 일으켰다. 박항서 감독의 인기로 한국과 베트남의 관계는 그 어느 때보다 우호적이었고, 한국의 신남방정책으로 인해 양국의 교역량도 매우 증가하는 추세였다. 또한, 베트남은 한국인에게 가장 인기 있는 여행지 중 하나로 부상하고 있었다. 그렇기에 우리나라 사람들은 이 같은 베트남의 조치를 당혹스럽게 받아들일 수밖에 없었다.

물론, 베트남만이 우리나라에 대해 이렇게 신속하게 국경을 봉쇄한 것은 아니었다. 우리나라가 중국에 이어 두 번째로 많은 코로나 확진자 수를 기록하고 있던 당시에는 에티오피아 등으로부터도 입국 금지 통보를 받았다(윤희훈, 2020). 이들의 결단력은 어디서 비롯했을까?

흥미로운 것은 200개가 넘는 전 세계 국가 중 이 같은 결정을 내린 곳은 소수에 불과했다는 점이다. 프랑스나 오스트리아 등 많은 나라는 시간이 흘러도 한국의 입국을 막지 않았다. 이들은 베트남이나 에티오피아보다 코로나 피해가 훨씬 컸는데도 왜 우리에게 입국 금지 조치를 내리지 않았던 것일까?(임철영, 2020)

베트남 같은 국가들은 바이러스 확산을 감당하기에는 의료 시설이 열악하기 때문에 국경 봉쇄라는 강수를 둔 것일까? 혹은 우리나라와의 교역 규모가 크지 않았기 때문에 외교적 단절에 큰 의미를 두지 않았던 것일까? 그 어떤 예측으로도 베트남의 결정을 온전히 이해하기는 어려워 보였다. 왜냐하면 당시 베트남의 확진자는 겨우 10명을 웃돌았고, 베트남 관광 수입의 상당 부분은 한국 관광객에게서 나오고 있었기 때문이다(Huynh, 2020; Tai, 2019).

그렇다면 왜, 베트남과 몇몇 나라들은 한국의 입국 제한을 그렇게 서두른 것일까? 그 답은 입국 금지 논란에서 한 번도 등장하지 않은, 그러나 알고 보면 지극히 당연한 요인에서 찾을 수 있었다.

코로나는 인류가 겪은 유일한 감염병이 아니다. 인류는 말라리아, 티푸스, 결핵균 등의 전염성 병원균으로 인한 감염병을 자주 겪었다(Hurtado et al., 2008). 그러나 이번 코로나 팬데믹에서도 볼 수 있듯이, 이런 감염병들의 유행은 지역과 국가마다 정도의 차이를 보였다.

학자들은 과거의 기록에 근거해 대규모 감염병들이 각 지역과 국가에 창궐한 정도를 계량화했다(e.g., Gangestad & Buss, 1993). 학자들은 이를 '역사적 병원균 유병률(Historic pathogen prevalence; Murray & Schaller, 2010)'이라고 부르고, 이 변수가 각 국가의 문화 및 국민의 심리적 특징과 어떤 관계를 맺고 있는지 규명하는 연구를 진행해왔다.

연구에 따르면 역사적 병원균 유병률이 높았던 국가들은 집단주의 문화를 갖는 것으로 나타났다(Fincher et al., 2008; Gelfand et al. 2004). 감염병이 발생했을 때 병균 유입을 막기 위해 외부집단과의 접촉을 차단하고 내부 결속을 강화하는 전략을 반복적으로 취해온 결과다(Murray et al., 2011; Navarrete & Fessler, 2006; Oishi et al., 1998).

이러한 집단주의 성향은 외국인에 대한 경계심(Faulkner et al., 2004), 민족 중심주의(Navarrete & Fessler, 2006), 순응에 대한 강조(이들 국가에서 왼손잡이 비율이 낮다는 사실로도 알 수 있다; Murray et al., 2011) 등의 형태로 나타난다. 특히, 과거 극심한 질병으로 고통받았던 사회에서는 아이들에게 복종을 가장 중요한 자질로 가르치기도 했다(Cashdan & Steele, 2013). 그렇기에 병원균 유병률이 높았던 국가의 해외 유입 기피 현상이 코로나 상황에서도 나타났을 거라 추측하는 것은 무리가 아니다. 우리는 이 가설을 실제 데이터를 통해 확인하고자 했다.

우선, 우리는 코로나 확산 초기에 극심한 확진자 수 증가로 세계의 주목을 받았던 '한국'과 '이탈리아'를 상대로 2020년 3월 중순 전까지 입국 금지를 선언한 국가 목록을 수집했다. 이들은 2020년 3월 11일 세계보건기구(WHO)의 팬데믹 선언 후 일주일이 채 지나기도 전(2020년 3월 16일)에 한국 혹은 이탈리아로부터의 모든 출입을 차단했다. 우리는 이 나라들이 정확히 몇 월 며칠에 우리나라와 이탈리아에 입국 금지 조치를 내렸는지를 주 분석대상으로 삼았다. 우리

역사적으로
감염병을 겪은
정도의 차이
(Historic
pathogen
prevalence)

병원균 유병률과
해외 유입 기피 현상

의 관심사는 각 나라가 입국 금지를 취한 타이밍과 그 나라의 역사적 병원균 유병률 사이의 관계였다.

그러나 입국 금지라는 중대한 국가적 결정에 있어 단 하나의 요인만이 영향을 끼치진 않았을 것이다. 병원균 유병률 이외에 정치, 경제, 지리적 요소 등의 역할 또한 존재했을 수 있다. 이에 우리는 다음과 같은 변수들도 함께 살펴보았다([표1]).

경제력을 대표할 수 있는 변수로는 각국의 1인당 국내총생산(GDP, Gross Domestic Product)을, 정부의 대처 능력을 간접적으로 드러낼 수 있는 변수로는 정부 효율성(정부가 제공하는 서비스의 질, 정치적 중립성 등을 포괄; government effectiveness)을, 문화적 특성으로는 한 사회 내 규율의 정의와 집행 정도를 나타내는 문화적 경직성-유연성(Cultural tightness-looseness)을, 지리적 거리로는 국가들의 중심에서 중심까지의 물리적 거리를, 무역 관계로는 2018년 한 해 한국 및 이탈리아와 각국 사이 수출과 수입 규모의 합을 활용했다. 코로나 확산 정도는 각국이 입국 금지를 선언하기 전날까지의 누적 확진자 수로 계량화했다.

[표1] 분석에 포함된 변수들

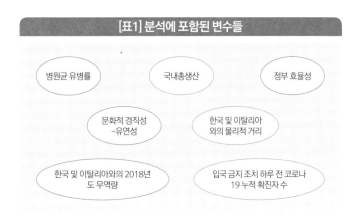

병원균 유병률   국내총생산   정부 효율성

문화적 경직성 -유연성   한국 및 이탈리아와의 물리적 거리

한국 및 이탈리아와의 2018년도 무역량   입국 금지 조치 하루 전 코로나19 누적 확진자 수

과거 병원균 유병률이 높았던
나라들은 그렇지 않은 나라들에 비해
우리나라와 이탈리아에
입국 금지를 더 빠르게 내렸다.

분석 결과, 우리의 가설대로 과거 병원균 유병률이 높았던 나라들은
그렇지 않은 나라들에 비해 우리나라와 이탈리아에 입국 금지를 더
빠르게 내렸다. 이러한 결과는 위에서 언급한 다른 모든 변수를 통
계적으로 통제한 후에도 유의하게 나타났다. 다시 말해, 한국 혹은
이탈리아와의 물리적 거리, 교역량, 코로나 상황 등을 다 감안하더
라도 병원균 유병률이 입국 금지 날짜의 유의한 예측 요인으로 작
용한 것이다.

한국발 입국을 금지한 나라들 전부가 이탈리아에 대해서도 입국을
금지한 것은 아니었다. 일부 국가는 한국에만, 또 다른 국가들은 이
탈리아에만 국경을 닫았다. 따라서 분석은 독립적으로 진행했다. 그
럼에도 병원균 유병률의 궁극적인 영향은 동일하게 나타났다([표
2]).

구체적으로 살펴보면, 2020년 2월 23일부터 3월 16일까지 한국을
대상으로 봉쇄 조치를 내린 27개국을 비교했을 때, 병원균 유병률
이 높을수록 입국 금지 시기가 5일가량 앞당겨졌다(r=-.37, p=0.06).

이탈리아의 경우에도 결과는 비슷했다. 2020년 2월 27일부터 3
월 16일까지, 총 25개의 봉쇄국 역시 병원균 유병률이 높을수록 이
탈리아에 대해 5일 정도 빠르게 입국 금지 결정을 내렸다(r=-.44,
p=0.06). 이는 전 세계적인 코로나 확산 상황에서, 그동안 감염병의
위협을 크게 받아온 국가들은 외부인의 유입을 막는 것을 최우선의
방어책으로 삼았음을 보여준다. 그림1과 그림2를 통해 알 수 있듯
이, 한국과 이탈리아를 대상으로 한 동일한 분석에서 반복적으로 발
견된 결과였다.

[그림1] 27개국의 병원균 유병률에 따른 한국 대상 입국 금지 일자

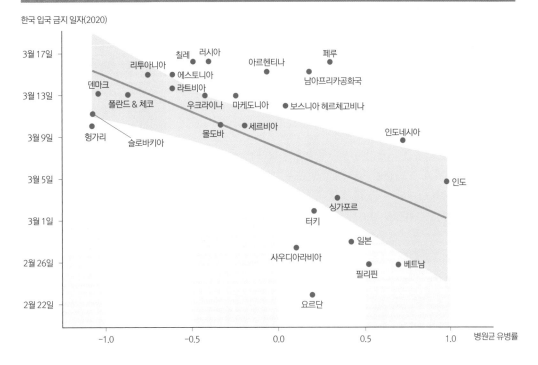

한국 입국 금지 일자(2020)

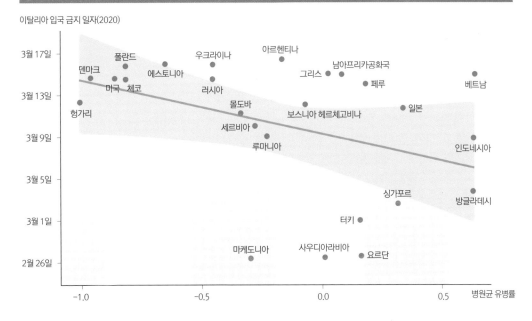

[그림2] 25개국의 병원균 유병률에 따른 이탈리아 대상 입국 금지 일자

이탈리아 입국 금지 일자(2020)

그렇다면 각국의 경제력과 의료 체제, 문화, 한국 및 이탈리아와의 무역 규모 및 지리적 거리, 코로나 확산 정도 각각의 영향은 어땠을까? 기본적으로 낮은 경제력과 의료 보장 수준은 감염병에 대한 두려움을 증폭시켰을 가능성이 크다. 문화적 경직성-유연성의 경우, 우리의 분석에서는 점수가 낮을수록 문화적으로 경직되었다는 것, 즉 규율이 엄격하게 정의되고 집행됨을 의미했으며, 이 또한 국경 폐쇄를 부추기는 역할을 했을 수 있다.

반대로 평소 한국 혹은 이탈리아와의 무역량이 많다면 입국 금지 조치를 보다 신중히 고려했을 거라 예상할 수 있다. 그들과 지리적으로 멀리 떨어져 있거나, 자국 내 코로나 확진자 수가 적은 경우에는 입국 금지에 대한 필요성 자체를 느끼지 못할 수 있다.

분석 결과([표2]), 한국을 대상으로 한 경우 문화적으로 경직되어 있거나(r=0.70, p<.001), 한국과 물리적으로 가깝거나(r=0.58, p=0.001), 교역량이 적었거나(r=-0.47, p=0.01), 금지 조치 전날 확진자 수가 많았을수록(r=0.43, p=0.02), 이탈리아를 대상으로 한 경우 문화적으로 경직되어 있거나(r=0.58, p=0.002), 금지 조치 전날 확진자 수가 많았을수록(r=0.43, p=0.03) 입국 금지 날짜가 빨랐다.

그러나 앞서 말했듯이, 병원균 유병률과 함께 분석했을 경우 각 변수들의 힘이 사그라들었다. 모든 요인을 포함해 입국 금지 시기를 예측했을 때, 한국([표3])와 이탈리아([표4]) 모두 높은 병원균 유병률을 지녔거나 문화적으로 경직된 국가들이 입국 금지를 서둘렀다.

당장 베트남의 경우만 보아도, 입국 금지를 결정할 당시 한국과의 관계나 자국의 코로나 확산세 등은 이러한 결정에 큰 영향을 미치지 않았음을 알 수 있다. 이와 더불어, 자국의 보건 수준이나 상호교역량, 대상국과의 거리 등도 예상과 달리 큰 힘을 발휘하지 못했다.

한국에 대해서는 추가로 외교적 우호관계의 영향을 확인하기도 했다. 우호관계를 정량화하는 것은 쉽지 않았으나, 우리나라의 코로나 19 검사 키트 수출 우선순위 선정 방식에서 힌트를 얻어 한국 전쟁 참전 여부를 분석 모델에 추가했다(김성희 외, 2020). 그러나 한국 전쟁 참전 여부도 입국 금지 결정과 유의미한 상관관계를 지니지 않은 것으로 나타났다. 또 이처럼 특수한 관계를 통제했을 때에도 병원균 유병률은 여전히 입국 금지 날짜를 유의하게 예측했다.

경제적, 의료적, 외교적 상황을 넘어서는 힘

병원균 유병률의 영향력

r(상관계수)은 두 변수 간의 관계와 방향을, p(유의확률)는 관찰된 결과가 유의할 확률을 나타내는 지수다. 일반적으로 r값이 높을수록 정적이며 강한 상관관계를, p값이 낮을수록 결과의 높은 신뢰도를 의미한다.

베트남을 포함한 몇몇 국가들의 폐쇄를 재촉한 것은 경제력도, 의료 자원도, 외교 관계도 아닌 바로 지난날의 감염병이 가져다준 지혜였던 것이다.

[표2] 한국과 이탈리아에 대한 입국 금지 일자와 국가 지표 간 상관관계

변인	상관 계수	
	한국 (N = 27)	이탈리아 (N = 25)
병원균 유병률	-0.64***	-0.37
1인당 국내총생산	0.20	0.13
정부 효율성	0.04	0.10
문화적 경직성–유연성[a]	0.70***	0.58**
한국 및 이탈리아와의 거리	0.58**	0.05
한국 및 이탈리아와의 무역량	-0.47*	0.27
입국 금지 하루 전 자국의 코로나 누적 확진자 수	0.43*	0.43*

* p〈.05. ** p〈.01. *** p〈.001. a 숫자가 클수록 문화적으로 유연함을 의미함.

[표3] 한국 대상 입국 금지 일자에 대한 회귀 분석(N = 27)

변인	b	SE	p
병원균 유병률	-4.75†	2.41	0.06
국내총생산(GDP)	-0.45	2.15	0.84
정부 효율성	-2.65	3.52	0.46
문화적 경직성–유연성[a]	0.16*	0.05	0.01
한국과의 거리	2.00	1.83	0.29
한국과의 무역량	0.03	0.58	0.96
입국 금지 하루 전 자국의 코로나 누적 확진자 수	1.24	1.52	0.42

* p〈.05, † p〈.10 a. 숫자가 클수록 문화적으로 유연함을 의미함.

[표4] 이탈리아 대상 입국 금지 일자에 대한 회귀 분석(N = 25)

변인	b	SE	p
병원균 유병률	-5.23†	2.61	0.06
국내총생산(GDP)	-4.47†	2.12	0.05
정부 효율성	0.54	2.5	0.83
문화적 경직성–유연성[a]	0.14*	0.05	0.01
이탈리아와의 거리	2.49*	1.1	0.01
이탈리아와의 무역량	1.74*	0.8	0.04
입국 금지 하루 전 자국의 코로나19 누적 확진자 수	1.55*	0.52	0.01

* p〈.05, † p〈.10 a. 숫자가 클수록 문화적으로 유연함을 의미함.

코로나 발생 초기에만 해도 세계보건기구를 포함한 다수의 여론은 국경 봉쇄를 부정적으로 바라보았다(WHO, 2020). 처음에는 소수만이 취했던 입국 금지 조치가 몇 개월 사이 여러 국가로 확산되며 세계 경제에도 적지 않은 손실이 생겼다(World Trade Organization, 2020). 이러한 대가를 감수하며 봉쇄를 시행했던 국가들이 코로나를 완벽하게 예방하거나 확산세를 대폭 줄인 것도 아니었다. 입국 금지가 만병통치약은 아니었던 것이다.

그럼에도 불구하고, 베트남은 현재 가장 대표적인 코로나 방역 모범 국가로 인정받고 있다. 2020년 12월, 미국에서 하루 동안 10만 명당 77명이 코로나로 세상을 떠날 때 베트남은 사망자 수 0.04명을 기록하며, 단 한 명의 목숨도 잃지 않았다(이한수, 2020).

이는 해외 입국자들의 유입, 그리고 그들과의 접촉이 감염 확산에 기여했음을 시사한다. 베트남과 여타 국가들이 보여준 추진력에는 과거의 경험으로부터 얻은, 이 같은 사실에 대한 통찰이 녹아 있었던 것으로 보인다.

결국 여러 논란을 일으켰던 입국 금지 조치는 그 어떤 복잡한 이해관계의 결과도 아닌, 과거의 경험에 근거해 내린 생존을 위한 불가피한 선택이었다. 많은 감염병을 물리친 경험이 있을수록 이전과 비슷한 상황에서 조금 더 신속히, 더 단호히 대처하게 되는 것이다.

실제로 서울대학교 행복연구센터는 코로나가 확산되면서 병원균에 대한 스트레스가 집단주의 사회 내에서 집단주의를 더욱 강화했음을 발견했다. 앞서 언급한 바 있는, 병원균 유병률과 집단주의 성향의 연관성을 뒷받침하는 대목이다.

감염병이 남겨주고 가는 것

병원균 유병률과
집단주의의 연관성

여러 논란을 일으켰던 입국 금지 조치는
그 어떤 복잡한 이해관계의 결과도 아닌,
과거의 경험에 근거해 내린
생존을 위한 불가피한 선택이었다.

동양권 국가처럼 집단주의가 강한 사회에서는 거리두기와 자가격리 지침에 대한 준수율 역시 높다(Biddlestone et al., 2020; Pham et al., 2020). 오래전부터 전염성 병원균이 흔했던 나라들은 시간이 흐르면서 '감염'에 대한 지식을 축적하고, 결속력과 경계심, 그리고 효과적인 대비책에 대한 안목을 키워왔을 것이다. 이것이 코로나 확산 아래에서 입국 금지의 형태로 발현된 것으로 보인다.

본 분석은 코로나 상황에서의 국가적 결정들이 겉으로 드러난 요인들이 아니라 병원균 유병률 같은 드러나지 않은 요인들에 의해 이루어지고 있을지도 모른다는 점을 시사한다. 지금처럼 불안과 우울에 휩싸여 있는 우리를 더욱 불행하게 만드는 것은 바로 타국과 타인에 대한 불신이다. 세계적인 유행병의 극복을 위해 신뢰 구축은 필수적이며, 이를 위해 무엇보다 중요한 것은 서로의 결정에 대한 배경을 파악하는 것이다.

본 연구 결과가 시사하는 것처럼, 어떤 결정들은 그 나라의 과거 경험에서 비롯되기도 한다. 타국의 시선으로는 쉽게 이해되기 어려운 결정이라 할지라도, 충분히 납득할 수 있는 원인들이 숨겨져 있을 수 있다. 정확하고 세밀한 분석 없이 감정적인 반응들로 서로를 적대시한다면, 코로나가 일으키고 있는 재앙은 걷잡을 수 없게 될 것이다.

Happiness
in 2020

왜 어떤 나라의 확진자 수는 계속해서 늘어나는 것일까?

시간에 따라 변하는 국가 간 확진자 수 차이 및 예측 요인 효과

2020년 전 세계에 코로나가 퍼졌고 이에 대한 국가별 반응은 상이했다. 이 반응에 따라 확진자 수가 가파르게 증가한 국가가 있는 한편 방역에 성공해 안정세를 유지한 국가도 있었다. 그렇다면 이 국가들 사이의 결정적인 차이는 무엇이었을까? 문화, 경제, 정부, 역사적 요인 4가지를 비교해봄으로써 국가별 확진자 수의 결정적 변인을 밝혀본다.

코로나 팬데믹은 인간의 어두운 면을 적나라하게 보여줬다. 사재기 열풍, 인종차별, 자국중심주의 등 코로나 기간에 발생한 여러 사건은 인간 본성에 대한 깊은 회의를 불러일으켰다. 한편 인간의 다양성도 극명하게 보여줬다. 각 개인과 국가가 보인 코로나 대응 방식의 차이는 사람들로 하여금 '동일한 현상에 인간이 이렇게까지 다르게 반응할 수 있는가?'라는 의문을 갖게 했다.

마스크 착용을 둘러싼 입장 차이, 사회적 거리두기를 둘러싼 논란, 집단 면역을 보는 관점 차이 등 개인은 개인대로, 국가는 국가대로 매우 상이한 태도를 취했다(강경민, 2020; Haischer et al., 2020; Pederson & Favero, 2020).

우리에겐 너무나 당연한 마스크 착용이 어떤 나라에서는 약자의 상징으로 인식되고, 우리에겐 불가피한 것으로 받아들여진 사회적 거리두기나 개인 정보 공개가 어떤 나라에서는 심각한 개인 자유 침해로 인식되는 등(Bosman et al., 2020) 전 세계는 현재 엄청난 가치 충돌을 경험하고 있다.

이런 가치 충돌과 혼란은 코로나 팬데믹 상황에서 드러난 미국 정부의 무능력으로 인해 더욱 심해졌다. 명실상부 초강대국이라 여겨졌던 미국은 코로나 사태에 제대로 대응하지 못했을 뿐 아니라, 이와 관련한 사안들을 과학적 이슈에서 정치적 이슈로 전환시켜 본질을 외면함으로써 코로나 상황에 총체적으로 실패했다(McKelvey, 2020; Yamey & Gonsalves, 2020).

결과적으로 미국은 2021년 1월 말 기준으로 누적 감염자 수 2,500만여 명을 기록해 압도적인 전 세계 1위를 차지하는 불명예를 안게 됐다. 그동안 미국 중심 사고에 젖어 있던 이들에게는 단순한 방역 실패를 넘어 가치의 대혼란이 초래됐을 것이다. 미국은 더 이상 우리가 알던 미국이 아니었다.

미국의 실패 못지않게 의아한 케이스가 바로 브라질이다. 브라질의 첫 번째 확진자는 2020년 2월 25일 상파울루에서 발생했다. 우리나라와 미국보다 한 달 늦은 시점이다. 그러나 브라질은 2021년 1월 말 현재, 미국과 인도에 이어 세 번째로 감염자가 많이 발생한 국가가 됐다.

미국과 브라질에서 뒤늦게 코로나가 확산한 이유는 무엇일까?

미국, 브라질의 국가적 대응과 가파른 확진자수 증가

브라질의 상황이 충격적인 이유는 단순히 확진자의 숫자 때문만이 아니다. 브라질 역시 미국처럼 대통령이 앞장서서 코로나 강력 대응을 반대하는 탓에 피해 규모가 더욱 커졌다.

보우소나루 대통령은 거리두기 정책을 공개적으로 반대했으며, 코로나를 "감기 따위(little flu)"로 폄하하고 "코로나는 비와 같아서 브라질 국민 전체의 70% 정도는 젖을 것"이라고 말하는 등 안이한 인식을 보였다(Borges, 2020). 언론에는 브라질 리우데자네이루 해변이 보도되기도 했는데, 마스크를 쓰지 않은 수많은 인파의 모습은 가히 충격적이었다(김은경, 2020).

물론 미국과 브라질이 처음부터 이처럼 큰 타격을 받은 것은 아니었다. 미국에서 첫 번째 대유행이 발생한 시점은 이미 한국과 이탈리아가 대유행을 겪은 이후였고, 그 규모도 매우 작았다. 초기 브라질의 신규 감염자 수 증가 속도는 위 국가들보다도 더뎠다. 이를 돌아본다면 코로나를 '감기 따위'라고 여겼던 보우소나루 대통령의 생각을 어느 정도 이해해볼 수 있지 않을까?

하지만 그렇다면 미국과 브라질 같은 국가에서는 왜 코로나가 뒤늦게 확산됐을까? 트럼프, 보우소나루 같은 지도자 때문일까? 아니면 중앙정부의 효율적이지 못한 대처 때문일까? 그것도 아니라면 위생, 방역, 치료가 힘든 빈곤 계층 비율의 차이 때문일까? 도대체 왜 어떤 나라들의 감염자 수는 꺾이지 않는 걸까?

브라질 역시
미국처럼 대통령이
앞장서서 코로나
강력 대응을
반대하는 탓에
피해 규모가
더욱 커졌다.

코로나 확진자 추세의 국가별 차이

전 세계적인 코로나 확산 추세를 좀 더 자세히 들여다보면, 국가별로 상당한 차이를 보인다. 우리나라와 태국은 비교적 이른 시기에 확산됐으나 빠르게 진정된 편이다.

우리나라는 1월 20일 첫 확진자가 발생하고 약 한 달 만인 2월 18일, 대구에서 발생한 31번 확진자를 기점으로 대규모로 확산됐다. 집단 감염을 통해 빠르게 퍼져나가면서 2월 29일에는 1일 신규 확진자 수가 813명까지 치솟았으나 40일이 채 되지 않아 50명 이하로 감소했다.

이후 2차와 3차에 걸쳐 다시 대규모 유행이 발생했지만, 그 사이 기간에는 안정적인 추세를 보였으며, 유행의 규모 역시 다른 나라에 비해 미약한 정도였다.

태국의 경우 3월 급격한 확산 이후 약 8개월 간 1일 신규 확진자 수는 평균 10명 미만으로 안정세를 유지했다. 하지만 모든 나라가 이런 회복 속도를 보인 건 아니었다.

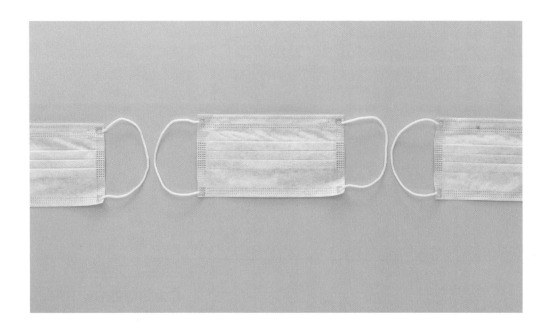

[그래프1] 국가별 신규 코로나 확진자 수 변화 추이

단위: 명

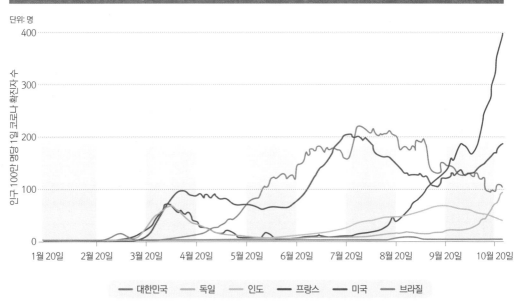

인구 100만 명당 1일 코로나 확진자 수

―― 대한민국 ―― 독일 ―― 인도 ―― 프랑스 ―― 미국 ―― 브라질

미국의 경우 첫 확진자가 발생한 날짜는 우리나라와 동일했으나, 확진자 수의 변화 궤적은 매우 달랐다. 미국에서는 4월 이후 가파르게 확진자가 증가했고, 이 추세가 2020년 말까지도 진행됐다. 브라질 상황도 유사하다. 비록 우리나라나 미국보다 첫 확진자 발생은 한 달여 늦었지만(2020년 2월 25일), 이후 확진자와 사망자는 꾸준히 빠른 속도로 늘어나는 추세를 보이고 있다.

한편 2020년 3~4월, 1차 대유행이 있던 유럽 지역에서는 여름이 되자 또다시 신규 확진자 수가 급증했다. 모두가 큰 타격을 입었던 1차 유행 때와는 달리, 2차 유행에서는 국가 간 차이가 두드러지게 나타났다. 특히 프랑스와 독일의 격차가 눈에 띄게 벌어졌다. 독일 은 2차 유행에서 확진자 수가 급속도로 증가하지 않았으나, 프랑스 는 첫 번째 유행 때보다 더 큰 타격을 입었다.

시간에 따라 국가 간 확진자 수 차이가 달라지는 이유는 무엇 때문 일까?

코로나는 어떤 국가에서 더 빠르게 퍼졌을까? 전염병 확산을 다룬 기존의 연구들은 바이러스 확산에 미치는 사회적 요인을 두고 크게 국가의 문화적 특징, 경제 수준, 정부의 효율성, 전염병의 역사 등을 제시한다. 이 요인들이 코로나 기간 내내 국가 간 확진자 수 차이를 예측하는 중요한 요인이었을까? 아니면 시간에 따라 각 요인의 영향력이 달라졌을까?

경직된 문화와 유연한 문화(Cultural Tightness-Looseness)

규범의 수가 많고 이를 어겼을 때 처벌 강도가 높은 문화를 '경직된 문화' 혹은 '엄격한 문화'라 하고, 규범의 수가 적고 어겼을 때의 처벌도 강하지 않은 경우를 '유연한 문화' 혹은 '느슨한 문화'라고 한다(Pelto, 1968).

한국이나 중국처럼 경직된 문화를 지닌 국가에서는 국민들이 엄격한 사회적 가치, 규범, 행동 양식을 공유하며 규범을 벗어난 행위는 쉽게 용인되지 않는다. 반면 미국이나 이탈리아 등 유연한 문화를 지닌 국가의 경우, 엄격하고 합일된 사회적 기준에 구속되기보다는 저마다 다른 개인의 가치와 행동 양식을 따른다(Gelfand et al., 2011; Harrington & Gelfand, 2014).

경직된 문화는 생태적, 사회적 위협으로부터 공동체를 보호하기 위한 방어 전략이 발달했다. 생존 위협이 많은 지역일수록 생존을 위한 집단 규범이 발달할 수밖에 없다(Gelfand et al., 2011). 이는 코로나 상황에도 그대로 적용된다(Van Bavel et al., 2020).

코로나의 초기 확산 과정을 분석한 심리학 연구에 의하면, 코로나 사망자 수는 유연한 문화를 가진 국가에서 빠르게 증가한다(Gelfand et al., 2020). 반대로 경직된 문화권에서는 코로나의 전파에 치명적인 유동성(mobility)이 크게 줄어든 것으로 나타났다(Im et al., 2020).

경직된 문화권의 코로나 방지 효과는 코로나 기간 내내 일정했을까? 아니면 초기에 사회적 거리두기를 잘 지키던 경직된 문화권이라 해도 코로나 피로감으로 인해 거리두기가 느슨해지면서 경직성 - 유연성의 영향력이 시간이 갈수록 약해졌을까?

신규 코로나 확진자 수를 예측하는 4가지 변인

문화, 경제, 정부, 역사적 요인

1인당 국내총생산(GDP per Capita)

국내총생산(Gross Domestic Product, GDP)은 한 국가의 부유함을 드러내는 가장 직관적이고 보편적인 기준이다. 특히 인구 1인당 국내총생산은 국가의 경제적인 생산 능력을 의미할 뿐만 아니라 국민의 생활수준을 나타내는 지표로서도 통용된다.

단순히 생각하자면 경제력이 높은 나라는 코로나에 효과적으로 대응할 수 있을 것처럼 보인다. 코로나 발생 초기에 마스크 등 방역에 필요한 물품을 확보하거나 이후 백신을 확보하기 위해서는 경제적 능력이 요구되기 때문이다(Bradley, 2020; Fischer et al., 2014).

그러나 관련 연구들은 이와는 다른 분석을 내놨다. 이 연구들이 보고한 결과에 의하면 GDP가 높은 국가들은 경제 활동이 활발히 이루어지기 때문에 사회적 접촉이 빈번히 일어난다. 이는 코로나 확산에 치명적으로 작용할 수 있다(Chaudhry et al., 2020; Peeri et al., 2020).

또한 개인 수준에서도 부유한 국가의 사람들은 사회적 모임에 더 자주 참여하는 경향이 있으며, 밀집된 지역에 더 오래 머무른다(Weyers et al., 2008). 이 연구들은 경제력이 오히려 확진자 수의 증가에 영향을 줄 수 있음을 시사한다.

그렇다면 국내총생산의 영향력은 코로나 기간 내내 일정 했을까? 아니면 시간이 흐를수록 강해지거나 약해졌을까?

국내총생산의
영향력은 코로나 기간
내내 일정 했을까?
아니면 시간이
흐를수록 강해지거나
약해졌을까?

정부의 효율성 (Government Effectiveness)

효율적인 정부는 양질의 공공 서비스를 제공하며, 정치적 압력으로 부터 자유롭다. 또한 효율적인 정부를 지닌 국가에서는 좋은 정책을 만들고 시행하며, 국민들 역시 이런 정책을 수행하는 정부를 신뢰한 다(Kraay et al., 2010).

최근 연구에 따르면, 정부의 효율성이 높을수록 코로나 사망률 또한 낮았다(Liang et al., 2020). 또 다른 연구들은 정부가 격리(quarantine) 나 봉쇄(lockdown) 등의 정책을 효과적으로 시행할 때 코로나의 확 산력이 약화된다고 설명한다(Chaudhry et al., 2020; Hou et al., 2020; Iacobucci, 2020).

그러나 정부의 적극적인 정책이 언제나 긍정적 성과를 거둔다고 단 정할 순 없다. 특히 해당 정책이 국민의 자유권을 지나치게 제한할 때는 효율적인 정책이라 하더라도 이에 대한 저항이 발생한다.

그 예로 미국의 주 정부들이 잇달아 봉쇄 조치를 시행했을 때 주민 들은 반(反)봉쇄 시위나 마스크 거부 운동 등을 펼치며 적극적으로 반기를 들었다(김수진, 2020). 이런 집단 시위는 대인 접촉을 증가시 켜 바이러스 확산 위험을 높인다.

따라서 '효율적인 정부'가 코로나 확산 예방에 도움이 되는 정도가 코로나 기간 내내 유지되는지 역시 경험적 연구를 통해 확인해볼 필요가 있다.

과거의 전염병 유행 (Historical pathogen prevalence)

과거의 경험은 교훈을 남긴다. 여러 연구에 의하면 역사적으로 전염병이 창궐한 경험이 있던 지역은 외부에서 유입되는 위험 요소를 차단하려는 행동 양식을 습득해, 문화가 집단주의적일 뿐만 아니라(Fincher et al., 2008; Murray & Schaller, 2010) 자민족중심적(Ethnocentric)이고 외부인에 배타적인 반응(Xenophobia)을 보이는 경향이 있다(Faulkner et al., 2004; Park et al. 2007).

이러한 경향은 서울대 행복연구센터의 '입국금지' 연구에서도 분명히 드러난다(Zong et al., 2020). 과거에 전염병 유병률이 높았던 국가들은 한국과 이탈리아, 즉 코로나 신규 확진자 수가 초기에 크게 증가한 국가들에 대한 입국을 빠르게 차단했다.

그러나 바꾸어 말하면 과거 전염병 유병률이 높았던 국가라는 사실은 '질병에 취약했던 국가'임을 의미한다. 코로나 역시 빠르게 전파되는 치명적인 전염병임을 되새겨본다면, 이들 국가가 위기에 적극적으로 대처했을지는 몰라도, 효과 역시 좋았을 것이라고는 확신할 수 없다. 뿐만 아니라 전염병 유병률의 영향이 코로나 전 기간에 걸쳐 일정했는지도 연구를 통해 확인돼야 할 사항이다.

과거 전염병
유병률이 높았던
국가라는 사실은
'질병에 취약했던
국가'임을 의미한다.

우리는 코로나의 신규 확진자 수를 예측하는 변인들의 영향력이 시간에 따라 일정한지 알아보기 위해 연구를 진행했다. 국가별 코로나 확산세가 시간에 따라 뒤바뀌듯이, 코로나 확산을 예측하는 요인들의 영향력 역시 시간에 따라 바뀔 수 있을 것이다.

따라서 본 연구에서는 위에서 소개한 각 변수들이 1일 신규 확진자 수를 예측하는 정도가 시간에 따라 어떻게 변하는지를 살펴봤다 (Choi et al., in preparation).

우리는 위와 같은 가설을 검증하기 위해 위의 4가지 변인(문화적 경직성, 1인당 국내총생산, 정부 효율성, 과거 전염병 유병률)이 코로나 신규 확진자 수를 예측하는 정도를 '시간에 따라 변하는 함수'로 설정했다.

코로나 확산에 영향을 주는 변인들의 힘은 코로나 기간 내내 일정한가?

가설 검증을 위한 연구 방법과 기준

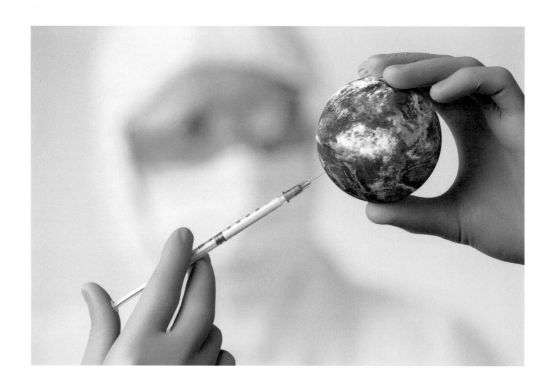

국가별 코로나 확산세가 시간에 따라 뒤바뀌듯이,
코로나 확산을 예측하는 요인들의 영향력 역시
시간에 따라 바뀔 수 있을 것이다.

우리는 문화적 경직성, 1인당 국내총생산, 정부 효율성, 과거 전염병 유병률, 이 4가지 요인이 코로나 신규 확진자 수를 예측하는 정도가 어떻게 변화했는지를 각 나라의 코로나 첫 확진자 발생일로부터 210일 동안 추적했다. 특정 날짜가 아닌 국가별 첫 번째 확진자 발생일을 '1일'로 설정함으로써 모든 국가의 코로나 확산 추이 관측 기간을 210일로 통일했다.

본 조사에 포함된 국가는 총 59개국으로, 위의 4가지 국가 지표 데이터를 모두 얻을 수 있는 인구 100만 명 이상인 곳으로 선정했다. 특히 본 조사에서는 국가 간 인구 격차를 고려해 코로나 확진자 수를 '인구 100만 명당 확진자 수'로 변환해 조사했기 때문에, 인구 100만 명 이하인 국가는 분석 대상에서 제외했다.

대표적인 방역 성공국으로 불리는 베트남의 누적 확진자 수는 2020년 8월에 1,000명을 넘어섰는데, 이는 바티칸 시국의 전체 인구수인 825명을 넘어선다. 그러나 바티칸 시국의 경우 신규 확진자가 1명만 발생하더라도 인구 100만 명당 약 1,212명의 환자가 발생한 것으로 보고된다.

[표1] 확진자 수 변화 분석에 포함된 국가 목록(총 59개국)

알바니아	알제리	아르헨티나	오스트리아	방글라데시
벨라루스	벨기에	보스니아 헤르체고비나	불가리아	캐나다
칠레	크로아티아	체코	덴마크	이집트
에스토니아	핀란드	프랑스	독일	그리스
헝가리	인도	인도네시아	이란	아일랜드
이탈리아	일본	요르단	라트비아	리투아니아
북마케도니아	멕시코	몰도바	모로코	나이지리아
페루	필리핀	폴란드	포르투갈	푸에르토리코
루마니아	러시아	사우디아라비아	세르비아	싱가포르
슬로바키아	슬로베니아	남아프리카공화국	대한민국	스페인
스웨덴	탄자니아	터키	우간다	우크라이나
영국	미국	베트남	짐바브웨	

이는 우리나라 기준으로 약 6,000명의 확진자가 발생한 것과 맞먹는 수치다. 다시 말해, 인구수의 차이가 분석에서의 왜곡을 가져올 수 있기 때문에 인구가 100만 명 미만인 나라를 제외한 것이다.

4가지 국가 변인의 지표는 다음 출처에서 인용했다. 경직된 문화와 유연한 문화의 척도는 Uz(2015)에서 개발한 지수를 사용했다(평균 = 52.13, 표준편차 = 26.08). 점수가 높을수록 유연하고 느슨한 문화를 지니고 있으며, 사회 구성원 내에 서로 다른 행동 양식 등이 용인됨을 나타낸다.

1인당 국내총생산의 경우, 세계은행(World Bank)에서 2020년에 발표한 값을 사용했다. 국내총생산의 경우 국가 간 지나치게 큰 격차를 해소하고, 값의 분포를 정규 분포에 가깝도록 조정하기 위해 로그 값을 사용했다(평균 = 9.39, 표준편차 = 1.16).

정부의 효율성은 세계은행이 1996년부터 212개국의 정치 안정, 정부 효율, 부정부패 통제, 규제의 질, 언론의 자유, 법치 등 6개 분야를 조사해 발표하는 거버넌스 지수(Worldwide Governance Indicators) 중 2018년에 발표한 '정부 효율' 점수를 사용했다(평균 = 0.47, 표준편차 = 0.85).

마지막으로 전염병 유병률의 경우 과거 해당 지역에서 말라리아, 한센병, 결핵 등 9개 질병의 병원균이 얼마나 유행하였는지를 점수화한 머리와 샬러의 지수(Murray & Schaller, 2010)를 사용했다(평균 = -0.16, 표준편차 = 0.61).

분석에 앞서 모든 변인의 값은 표준화했으며, 각 국가의 인구 밀도가 미치는 영향도 통제했다. 인구 밀도 정보는 2017년 세계은행에서 조사·발표한 값을 사용했으며, 1km^2당 인구수를 의미한다(평균 = 275.95, 표준편차 = 1029.17).

문화, 경제, 정부, 역사적 변인은 코로나 확산에 어떤 영향을 끼쳤을까?

시간에 따른
국가별 확진자수
예측 효과의 변화

문화적 영향

코로나 발생 초기에 바이러스 확산을 예측하는 문화적 경직성의 효과는 미미했다. 문화 및 사회 규범이 경직된 국가든 또는 느슨한 국가든, 코로나 확산세에서 두드러진 차이가 나타나지 않았다.

하지만 약 두 달이 조금 더 지난 시점부터, 문화적 차이는 코로나 확산 속도의 차이로 이어졌다. 첫 확진자 발생 73일 이후부터는 문화적으로 느슨한 국가에서 신규 확진자가 유의하게 더 많이 발생했다 ([그래프2]). 우리나라를 기준으로 할 때 이 시기는 4월 초순에 해당한다. 실제로 엄격한 문화 및 사회 규범을 가진 우리나라는 이 무렵부터 안정세에 접어들었다.

그러나 유연하고 느슨한 문화를 지닌 이탈리아, 프랑스, 독일 등 유럽 국가는 오히려 같은 시기에 확산세가 절정에 달했다. 중남미의 느슨한 문화에 속하는 국가들 역시 코로나가 가장 늦게 상륙했음에도 불구하고 동일한 기간이 지나자 신규 확진자 수의 증가폭이 눈에 띄게 커졌다.

이들 국가는 모두 코로나 확산 초기에 '마스크 착용'에 대한 부정적인 여론이 높았다. 베치와 동료들이 조사한 바에 따르면, 4월 중순에도 독일 국민 중에서 마스크를 자주 또는 항상 착용한 사람의 비율은 40%가 채 되지 않았다. 즉 방역 수칙을 엄수하기보다는 사회적 거리 '안 두기'를 선택한 국가들이 더 큰 타격을 입었다.(Betsch et al., 2020)

경직성의 효과는 104일간 지속됐으며, 그 이후에는 국가 간 격차를 설명하지 못했다. 유연한 국가에서도 마스크 착용 의무화 및 방역 수칙을 준수하고자 하는 사회적 분위기가 형성됨에 따라(방성훈, 2020) 코로나 확산세가 누그러졌기 때문인 것으로 보인다.

경제적 영향

국가의 경제력이 코로나를 예측하는 정도는 문화적 경직성과 유사했다. 코로나 첫 확진자 발생 직후부터 50일이 지날 때까지는 국가의 경제력과 코로나 확산 규모 간의 관계가 뚜렷이 나타나지 않았다. 그러나 국가의 경제력 효과는 문화적 영향보다 20일가량 빠르게 부상했다([그래프2]).

직관적인 예상과는 달리, 경제적으로 부유한 국가에서 신규 확진자 수가 더 많았다. 코로나 확진자 발생 이후에도 신규 확진자 수가 1일 평균 50명을 넘지 않는 우간다, 짐바브웨, 베트남 등의 국가와 달리, 1인당 GDP가 높은 미국이나 서·북유럽권 국가의 경우 코로나 확산 이후 두 달여 만에 1일 확진자 수가 100명을 훌쩍 넘어섰다.

바이러스에 대항하는 최선의 방어책은 모든 대면 활동을 중단하는 것이다. 실제로 뉴질랜드는 코로나 확산 20여 일 만에 국경을 닫고 전국에 강한 봉쇄령을 내렸다. 그 결과 뉴질랜드는 방역에서 큰 성공을 거뒀으며 2020년 6월 8일에는 OECD 회원국 중 최초로 코로나 확진자 0명을 달성했다.

1인당 국내 총생산이 높은 부유한 국가 중 싱가포르, 스웨덴, 오스트리아 등은 신규 확진자 수가 대거 줄어든 반면, 미국은 더욱 가파른 속도로 증가했다.

하지만 그로 인한 경제적 타격은 치명적이었다. 2020년 2분기 봉쇄 기간 중 뉴질랜드의 경제성장률은 -12%를 기록했다(Stats NZ, 2020). 물론 뉴질랜드는 코로나로부터 회복하면서 2020년 말 경제도 상당 부분 회복했으나, 당시 이런 조치는 경제 활동이 활발한 국가들에게 너무나 큰 모험이었다.

이를 반영하듯 스웨덴은 사회적 거리두기와 강한 방역 조치 대신 '집단 면역'을 선택했고, 엄격한 사회적 거리두기 및 방역으로 코로 나에 대응해온 우리나라도 '사회적 거리두기 3단계'는 결국 시도하 지 못했다. 즉 경제를 지탱하기 위한 노력으로 부와 건강의 교환이 불가피하게 발생한 셈이다.

그러나 놀랍게도 경제력의 효과 역시 코로나 확산 후 5개월가량 지나자 유의하지 않게 됐다. 경제력에 의한 신규 확진자 수 차이 는 100일 간 점차 증가했지만 100일 이후에는 오히려 감소하면서 149일부터는 국가 간 차이를 예측하지 못했다. 이 무렵부터는 부유 한 국가들 내에서도 확진자 수의 격차가 벌어졌다.

1인당 국내총생산이 높은 부유한 국가 중 싱가포르, 스웨덴, 오스트 리아 등은 신규 확진자 수가 대거 줄어든 반면, 미국은 더욱 가파른 속도로 증가했다. 한편 보스니아 헤르체고비나 등 일부 국가는 경제 력이 국가 간 차이를 예측하는 시기가 지난 이후에서야 바이러스가 대규모로 확산됐다. 문화적 경직성, 경제력 수준의 차이로 설명되지 않는 이 같은 변동은 '정부의 효율성'을 통해 짐작할 수 있었다.

정부의 효율성
정부의 효율성은 각 국가의 코로나 신규 확진자 수 격차를 가장 뚜 렷하고 장기적으로 설명했다. 정부의 효율성이 높은 국가일수록 신 규 확진자 수가 적었으며, 이러한 국가 간 격차는 시간이 흐를수록 분명해졌다([그래프2]).

문화적·경제적 효과와 마찬가지로, 정부의 효율성 수준 역시 코 로나 확진자가 처음 발생한 직후에는 국가 간 차이를 예측하지 못 했다.

그러나 효율적인 정부는 코로나가 자국에 유입된 이후 한 달이 지나 자 분명한 이점을 드러냈다. 코로나 첫 확진자 발생일로부터 33일째

되는 날부터는 정부의 역할이 효과적으로 수행되는 국가에서 더 적은 수의 확진자가 발생했던 것이다.

이는 문화적·경제적 효과보다 일찍 나타났을 뿐 아니라, 시간이 지남에 따라 더욱 강력해졌다. 특히 정부의 효율성은 관측 기간이 끝나는 시점까지도 꾸준히 국가 간 차이를 설명했다.

정부 효율성이 높은 대표적인 국가들, 싱가포르, 캐나다 및 핀란드는 방역에서도 성공을 거둔 대표적 나라로 꼽힌다. 이들의 경우 정부의 발 빠른 대처가 효과를 발휘한 것으로 평가된다.

싱가포르는 투명하고 자세한 확진자 동선 공개 및 선제적 검사를 바탕으로 코로나에 성공적으로 대응했다(Chua et al., 2020). 중국과 인접한 탓에 코로나 발생 직후인 2019년 12월 30일부터 2020년 1월 22일까지, 우한에서 싱가포르로 향한 비행기 탑승객은 약 1만 680명에 달했다(김진방, 2020).

많은 수의 해외 유입자와 높은 인구 밀도로 인한 초기 대규모 확산에도 불구하고, 싱가포르는 철저한 방역으로 바이러스 확산세를 신속하게 잠재웠다.

한편 핀란드는 3월 중순에 비상권한법(Emergency Powers Act)을 발동해 일찍이 국경을 봉쇄했으며(Finnish Government, 2020), 캐나다는 국경 봉쇄 외에도 필수 업종을 제외한 대부분 업종의 셧다운(shutdown), 모임 규모 제한, 긴급지원금 지급 등 다양한 조치를 빠르게 시행했다(Detsky & Bogoch, 2020; Government of Canada, 2020).

관측 기간 내에
2차 대유행이 발생한
유럽의 국가 중
정부 효율성이 높은
독일은 정부 효율성이
비교적 낮은
스페인에 비해
인구 대비 10배가량
적은 확진자 수를
기록했다.

이들 국가의 노력은 신규 확진자 수의 변동에서도 그대로 드러났다. 초반 확산세를 잠재운 이후 위의 국가들은 100만 명당 10명 수준의 확진자 수를 유지하며 안정세를 이어갔다.

효율적인 정부의 효과는 시간이 흐를수록 점차 강해지고 있어, 끝을 기약할 수 없는 코로나 사태에 큰 의미를 지닌다. 사회적 거리두기, 확진자 동선 공개, 셧다운 등 정부의 적극적 개입은 2차 대유행, 나아가 3차 대유행에서도 국가 간 격차를 설명할 것으로 보인다.

관측 기간 내에 2차 대유행이 발생한 유럽의 국가 중 정부 효율성이 높은 독일은 정부 효율성이 비교적 낮은 스페인에 비해 인구 대비 10배가량 적은 확진자 수를 기록했다. 반면 정부 효율성이 낮은 남유럽의 보스니아 헤르체고비나는 1차 유행 당시 '코로나 쇼크'를 피했음에도 불구하고 2차 대유행에서 큰 타격을 입었다.

위 사례들은 모두 코로나 장기화 속에서 국가 안전을 '유지'하기 위해서 정부 차원의 발 빠른 대처가 필요함을 보여준다.

전염병 유병률
코로나 장기화에서 부각된 또 다른 변인은 바로 전염병 유병률이다. 역사적으로 치명적인 병원균의 유병률이 높았던 국가 역시 다른 국가에 비해 코로나 신규 확진자 수가 적었다. 이는 과거의 교훈이 남긴 위기 대처 방략이 코로나 대응에 효과적이었음을 시사한다. 그러나 이 효과는 코로나 확진자가 처음 발생한 지 190일이 지난 후에야 나타났다([그래프2]).

과거에 전염병 유병률이 높았던 국가들은 집단주의적이고 외부 유입에 배타적인 특성을 지녔다. 이 같은 성향은 코로나 상황에서도 동일하게 나타나, 이들은 한국과 이탈리아에 대한 입국을 서둘러 금지하는 등 선제적인 방어 태세를 취했다(Zong et al., 2020). 그러나 이런 성향이 확진자 수의 차이로도 이어진 것은 선제적 조치가 이루어진 당시가 아니라 그로부터 수개월이 지난 이후였다.

전염병 유병률이 높은 국가인 나이지리아, 우간다, 탄자니아 등은 대부분 아프리카 대륙에 위치한다. 여러 전염병 외에도 자가면역 질환 등이 유행하는 지역으로, 이들은 질병에 매우 취약한 동시에 유전적으로 이런 병원균에 대한 면역 체계도 가지고 있다(Nédélec et al., 2016).

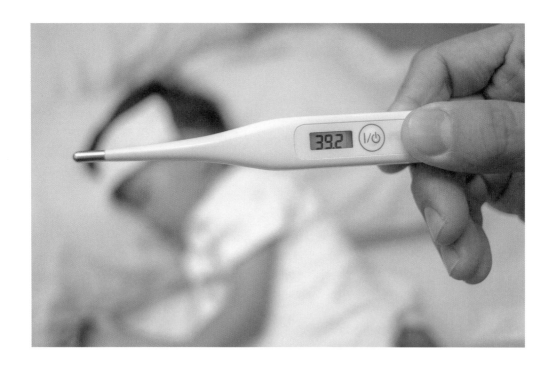

이러한 점에서 학자들은 이들의 심리적 대처 방략과 함께 생물학적 대응 체계 역시 국가의 코로나 방어에 효과적이었을 것으로 추측한다. 위 국가들은 이동을 제한해 바이러스의 유입과 전파를 막았을 뿐만 아니라, 과거 병력으로 인해 이들의 타고난 면역력, 훈련된 면역(trained immunity)도 코로나에 대응하는 데 더욱 유리하게 작용한 것이다(Mbow et al., 2020).

그러나 주목할 점은 전염병 유병률의 효과가 190일 이후에야 나타났다는 사실이다. 문화 및 경제적 수준의 예측은 힘을 잃었는데 왜 전염병 유병률의 예측은 더욱 강해졌을까? 이는 코로나 장기화에 대응하는 국가별 방역 정책의 차이에서 찾아볼 수 있다.

그 예로 역사적으로 전염병의 유병률이 낮은 슬로바키아를 들 수 있다. 슬로바키아는 코로나 초기 방역에 성공을 거뒀다. 가장 많은 신규 확진자가 발생한 때에도 겨우 인구 100만 명당 10명꼴로, 코로나에 성공적으로 대응한 우리나라보다도 초기 확산 규모가 작았으며, 4월 이후에는 100만 명당 5명 미만을 꾸준히 유지했다.

주목할 점은 전염병 유병률의 효과가 190일 이후에야 나타났다는 사실이다.

그러나 8~9월을 지나면서 확진자 수가 급증했는데, 이에 대한 대처로 슬로바키아 정부는 2020년 10월, 세계 최초로 전 국민을 대상으로 코로나 신속항원검사를 실시했다(김현지, 2020; 주 슬로바키아 대사관, 2020).

그러나 결과는 성공적이지 않았다. 전국적인 봉쇄를 시행하지 않기 위해 신속항원검사를 실시했음에도(김현지, 2020) 확산세가 수그러들지 않아 12월 31일에는 1일 신규 확진자가 6,315명에 이르렀다. 이는 인구 100만 명 기준 약 1,160명에 해당한다.

반면 서둘러 국가를 봉쇄하고 대면 접촉을 철저히 규제한 베트남은 2021년 1월 말 현재까지도 신규 확진자 수가 인구 100만 명당 1명이 채 되지 않는다.

즉, 높은 전염병 유병률의 역사가 이끌어낸 코로나 대응 책략, 봉쇄와 대면 접촉 차단이 코로나가 장기화된 사태 속에서 더 큰, 긍정적 효과를 보인 것이다.

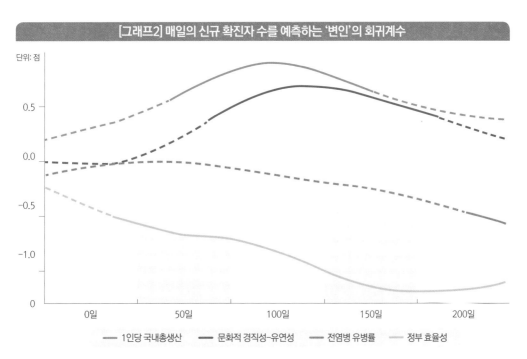

[그래프2] 매일의 신규 확진자 수를 예측하는 '변인'의 회귀계수

단위: 점

— 1인당 국내총생산   — 문화적 경직성-유연성   — 전염병 유병률   — 정부 효율성

문화적 경직성-유연성 점수가 높을수록 문화가 유연한 것을 뜻한다. 실선으로 표시된 구간은 각 변인이 해당 일 59개국의 신규 확진자 수를 유의하게 예측한 기간이며, 점선은 유의하게 예측하지 못한 기간이다.

코로나는 예상치 못한 방향으로 전개되면서 오랜 시간 우리의 삶을 잠식하고 있다. 하지만 모두가 코로나 사태를 경험하고 있음에도, 모든 이가 이를 동일하게 겪고 있지는 않다. 우리 사회 내부에서도 코로나의 영향과 그에 대한 대응이 다르듯이, 국가 간에도 코로나로 인해 겪는 어려움의 격차는 날로 커지고 있다. 특히 코로나 확진자 수의 변화는 국가별로 큰 차이를 보인다.

2020년 2월에서 3월로 넘어갈 무렵, 대한민국은 코로나로 가장 큰 타격을 입은 국가들에 속했다. 그러나 현재 대한민국은 가장 성공적으로 방역을 한 국가 중 하나로 손꼽힌다. 2020년 한 해 동안 코로나 확진자 수는 어떻게 바뀌었던 걸까? 그리고 그 확진자 수는 어떤 요인에 따라 바뀐 걸까?

우리는 이 질문에 답하기 위해 코로나 신규 확진자 수를 예측하는 변인이 시간에 따라 어떻게 달라졌는지 살펴봤다.

국가별 코로나 대응 방식에는 큰 차이가 있었다. 그 차이에 영향을 주는 주요한 변인으로 문화적 경직성, 1인당 국내총생산, 정부의 효율성, 전염병 유병률의 역사를 살펴봤다.

먼저, 문화적 경직성은 개인 수준의 코로나 대응에서 가장 큰 차이를 유발했던 것으로 보인다. 문화가 경직되고 사회 규범이 엄격한 우리나라에서 마스크 5부제가 시행되는 동안, 유연하고 느슨한 문화를 지닌 국가에서는 마스크 착용 반대 시위가 일어났다. 그들이 '마스크를 쓰지 않을 권리'를 주장하는 모습은 놀라움을 넘어 당혹스러움을 자아냈다. 이는 실제 확산세 차이로도 이어졌다.

바이러스 확산 과정에서 방역이라는 합일된 행동을 요구하는 경직된 문화는 상당히 효과적이었다. 그러나 이러한 문화적 배경이 빚어낸 격차는 수개월이 지나자 노 마스크(No mask) 시위와 함께 점차 줄었다.

국가의 경제력 역시 코로나 앞에서는 무기나 방패가 아니라 도리어 약점이 되는 듯했다. 경제를 지탱하기 위한 노력들이 코로나 확산에는 부정적으로 작용했다. 그러나 경제력에 의한 격차 역시 시간이 흐를수록 줄어들었다. 그러나 '효율적 정부'의 중요성은 지속적으로 나타났다.

다양성 속에서
찾은 한 가지 길

한 걸음 후퇴와
두 걸음 전진

세계은행의 기준에 의하면 효율적인 정부에서는 국민의 신뢰를 바탕으로 정치적인 압력에서 벗어나 좋은 정책을 만들고 시행하며 양질의 공공 서비스를 제공한다.

코로나 발생 초기부터 약 6개월간, 정부 효율성이 높은 국가일수록 코로나 신규 확진자 수는 꾸준히 더 적은 수치를 유지했다. 특히 그 효과는 시간이 지나면서 더욱 강해지는 형세를 보였다. 이 차이는 2차 대유행에서 더더욱 커졌다.

이러한 점에서 백신 접종이 가시화되고 있는 현 시점에서도 효율적인 정부가 보이는 발 빠른 대처는 긴요할 것으로 보인다. 2018년 정부 효율성 지수가 가장 높은 국가인 싱가포르는 2020년 12월 30일 아시아 최초로 코로나 백신 접종을 시작했다(조아라, 2020). 물론 백신의 효과는 아직 완전히 증명되지 않았지만, 효율적인 정부가 보유한 '백신을 확보하는 능력'만큼은 다른 대처 방략에서도 중요한 역할을 할 것이다.

그렇다면 '효율적인 정부'란 과연 어떤 정부일까? 세계은행의 기준에 의하면 효율적인 정부에서는 국민의 신뢰를 바탕으로 정치적인 압력에서 벗어나 좋은 정책을 만들고 시행하며 양질의 공공 서비스를 제공한다. 코로나 상황 속 효율적인 정부는 적절한 방역 정책을 시행하고, 이에 국민은 정부를 신뢰하고 자발적으로 협조한다.

실제로 방역에 성공한 국가는 정부 주도의 방역 방침을 적극적으로 추진했으며, 국민 또한 이에 자발적으로 동참했다. 우리나라의 경우에도 코로나 발생 이후 누구나 큰 불만 없이 전자출입명부를 작성하고 이에 수반되는 개인정보를 제공했다. 확진자의 동선 공개 및 밀접 접촉자 격리는 이런 정보 제공으로부터 비롯됐다.

하지만 정부의 신속한 대처가 늘 효과적인 것만은 아니다. 앞서 제시한 슬로바키아의 예처럼, 정부가 빠르게 전 국민을 대상으로 코로나 신속항원검사를 추진했으나 막대한 비용만 들었을 뿐 오히려 신규 확진자 수가 증가하는 역효과만 낳은 경우도 있다.

이 지점에서, 코로나가 장기화되며 대두된 전염병 유병률의 효과는 정부 대책 및 개인 방역 지침의 방향을 제시한다. 전염병 유병률은 '사회적 접촉 차단'이 코로나 확산 방지에 미치는 효과를 조명한다. 전염병 유병률이 높았던 국가에서 보인 집단주의적인 문화와 외부인을 경계하는 성향 그리고 그것이 이끌어낸 국가의 완벽한 봉쇄는 실효성이 증명됐기 때문이다.

실제로 코로나로부터 벗어나 일상의 자유를 만끽하고 있는 국가인 대만이나 뉴질랜드 등을 살펴보면 일찍이 모든 접촉을 차단하고 국가를 봉쇄했다. 두 걸음 전진을 위한 한 걸음 후퇴처럼, 이들은 일상을 잠시 내려두고 방역에 전념한 결과 어떤 나라보다 빠르게 일상을 되찾았다.

세계는 각기 다양한 방식으로 코로나에 대처하고 있다. 그러나 본 연구 결과는 어떤 특성을 가진 국가가 코로나에 잘 대처했는지, 그 특성이 코로나 기간 내내 확진자 수를 어떻게 예측하는지를 보여준다.

위 결과를 통해 제시할 수 있는 열쇳말은 바로 '합일'이다. 우리는 지난 1년간 코로나 사태를 경험하면서 새로운 행동 규칙을 얻었다. 지역 사회 내에서 코로나 확산 규모가 커지면 자연스레 사회적 거리두기를 강화하고, 자발적으로 모임을 피하며 9시 전에 귀가한다. '내 일상'으로부터 한 걸음 멀어지는 것이다.

세계는 지금 이 '한 걸음 후퇴'가 필요해 보인다. 국민 개개인이 한 걸음 후퇴에 동참하고 국가가 한 걸음 후퇴를 위한 적절한 대책을 마련해 국민과 국가가 합치될 때, 비로소 코로나로부터 벗어나 일상으로 '두 걸음 전진'을 할 수 있을 것이다.

남미의 우루과이(Taylor, 2020), 아프리카의 르완다(Karim et al., 2021), 유럽의 핀란드, 아시아의 베트남 등 방역 성공 사례에서 알 수 있듯이, 이는 특정 문화권, 인종, 지역, 경제 수준에만 국한되지 않는다. 코로나로 인해 다양한 가치들이 제시되고 또 충돌했지만, 이 사태에서 벗어나는 길은 어쩌면 너무도 당연한 외길인 듯하다.

세계는 지금 이 '한 걸음 후퇴'가 필요해 보인다.
국민 개개인이 한 걸음 후퇴에 동참하고 국가가 한 걸음 후퇴를 위한 적절한 대책을 마련해 국민과 국가가 합치될 때, 비로소 코로나로부터 벗어나 일상으로 '두 걸음 전진'을 할 수 있을 것이다.

Happiness
in 2020

코로나가 강화시킨
집단주의적 가치

나에서 우리로의 변화

국가별 확진자 현황과 추세를 살펴보면 한 가지 의문점이 생긴다. 코로나 사태가 심각한 국가들 대부분이 의료 시스템이 잘 갖춰진 부유한 나라라는 점이다. 반면 베트남, 대만, 태국, 대한민국이 방역을 잘한 나라로 평가받았다. 코로나 방역에 성공한 나라와 그렇지 못한 나라의 공통점은 무엇일까?

코로나 확진자가 발생한 지 얼마 되지 않던 초기에 이 바이러스의 확산은 중국과 그 인접국에서만 나타나는 일시적이고 지역적인 현상으로 치부됐다. 그러나 당초 예상과 달리 전 세계 대부분 국가에서 코로나 감염자가 빠른 속도로 나타나기 시작했고, 세계 누적 확진자 수는 2021년 2월 23일 기준으로 1억 1,100만 명을 넘어섰다(WHO, 2021).

세계 총 인구 수가 대략 78억 명임을 고려해볼 때 70명 중 1명이 감염된 셈이다. 코로나의 위협적인 확산세에 2020년 3월 11일, 세계보건기구(WHO)는 팬데믹을 선언했다.

코로나는 전 세계로 빠르게 퍼져나갔지만 확진자 수와 유행 양상은 국가별로 다르게 나타났다. 세계에서 가장 많은 확진자가 발생한 나라는 미국(2,777만 명, 25%)이었으며 그 뒤를 인도(1,100만 명, 10%)가 이었다. 확진자 수가 가장 많은 10개 국가 가운데는 영국(412만 명, 4%)과 프랑스(354만 명, 3%) 그리고 이탈리아(281만 명, 3%)가 포함돼 있다(WHO, 2021. 2. 23).

영국, 프랑스, 이탈리아의 코로나 초기 확진자 및 사망자 추이를 살펴보면, 사망자 수와 확진자 수의 증가 곡선이 거의 일치하거나, 심각한 경우 사망자 수 증가가 확진자 수 증가를 앞지르는 구간도 있었다.

일반적으로 확진자가 증가한 이후에 일정 기간 시차를 두고 사망자 수가 증가하는 데 반해, 확진자 수 곡선과 사망자 수 곡선이 일치하거나 위와 반대로 역전되는 양상은 감염병 방역 시스템에 문제가 있음을 나타낸다(이희영 등, 2020).

국가별 확진자 현황과 추세를 살펴보면 한 가지 의문점이 생긴다. 현재 코로나 감염 사태가 심각한 국가들 대부분이 의료 시스템이 잘 갖춰진 부유한 나라라는 점이다. 50여 개국을 대상으로 2020년 5월까지 코로나로 인한 사망률과 국내총생산의 관계를 분석한 한 연구에 따르면, 국민 1인당 국내총생산이 1,000달러 증가할 때 사망률은 1.03배 증가하는 것으로 나타났다(Chaudhry et al., 2020).

개인주의-
집단주의와
감염병 감염률의
관계

코로나 방역을 성공한
국가들의 비결

현재 코로나 감염 사태가
심각한 국가들 대부분이
의료 시스템이 잘 갖춰진
부유한 나라다.
국가 경제력은
방역 성공과 관련이
없는 것일까?

국가 경제력이 방역 성공을 가져오지 못한다면, 무엇이 국가적 방역의 성공을 예측할 수 있을까?

이 질문에 대한 답을 찾기 위해 연구자들은 코로나 방역에 성공한 나라와 그렇지 못한 나라의 공통점을 찾기 위해 노력했다. 방역에 성공했다고 평가받는 대표적인 나라로는 베트남, 대만, 태국 그리고 우리나라 등이 꼽힌다. 반면 누적 확진자 수가 100만 명 이상인 곳 대부분은 유럽 국가들과 미국이다.

연구자들은 이들 국가의 문화적 차이에 주목했다. 코로나 방역에 성공했다고 평가받는 나라들은 개인보다 공동체를 중시하는 집단주의 문화를 지닌 반면 미국과 유럽 국가들은 개인주의 문화권에 속하기 때문이다.

개인주의-집단주의 대표 국가 선정은 호프스테더(Hofstede)의 개인주의 점수를 토대로 했다. 점수가 높을수록 개인주의 성향이 강함을 의미한다. 78개국 중 미국(91점)이 1위, 영국(89점)이 3위를 차지했다. 중국(20점)과 한국(18점)은 각각 62위와 67위로 나타났다(Hofstede, Hofstede, & Minkov, 2010).

만일 코로나 방역과 개인주의-집단주의 문화가 관련돼 있다면, 개인주의-집단주의 문화를 대표하는 국가들의 확진자 수에서도 차이가 나타날 터였다. 이를 확인하기 위해 중국과 한국의 확진자 수 증가 추세를 미국·영국의 추세와 비교했다.

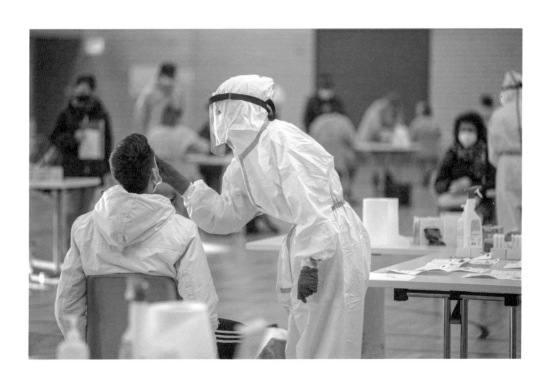

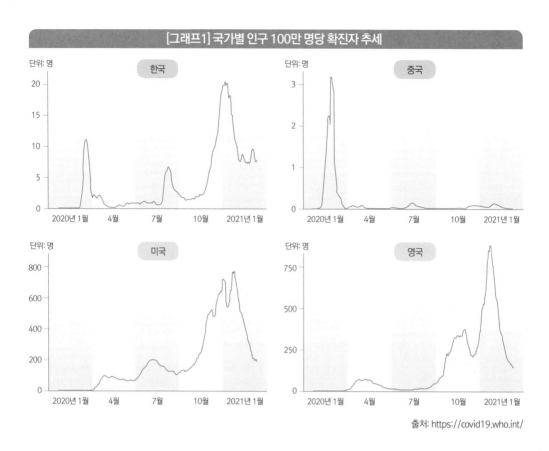

[그래프1] 국가별 인구 100만 명당 확진자 추세

출처: https://covid19.who.int/

[그래프1]에서 볼 수 있듯이, 집단주의 문화권인 중국과 한국에 비해 개인주의 문화를 지닌 영국과 미국의 확진자 수가 압도적으로 많았다. 그리고 2020년 1월부터 2021년 1월까지 내내 확진자가 가파르게 증가하는 추세가 두드러지게 나타났다.

최근 발표된 「동아시아 지역 COVID-19 대응으로부터의 교훈 (Lessons from COVID-19 responses in East Asia)」이라는 제목의 논문은 코로나에 대응하는 문화적 성향의 역할을 설명하고 있다(An & Tang, 2020).

코로나 팬데믹 기간에 각국 정부는 감염병 확산을 막기 위해 다양한 정책을 시행했다. 우리나라는 확진자 이동 경로 추적, 5인 이상 사적 모임 금지, 영업시간 제한 등을 실시했고, 대만도 마스크 미착용 시 약 58만 원의 벌금을 부과하는 등 엄격한 기준을 적용했다. 안과 탕에 따르면, 집단주의 성향은 코로나 확산을 막기 위한 정책들이 그 효과를 발휘하는데 크게 기여하였다(An & Tang, 2020).

개인의 자유와
권리를 강조하는
개인주의 성향과
달리, 집단주의는
'우리' 또는 '집단'을
강조한다.

개인의 자유와 권리를 강조하는 개인주의 성향과 달리, 집단주의는
'우리' 또는 '집단'을 강조한다(Triandis & Gelfand, 1998). 따라서 공
익을 위해 개인을 희생할 수 있다고 여기며, 사회적 규범에 순응하
는 태도를 보인다. 이러한 집단주의 성향은 코로나 팬데믹 동안 국
민을 정부 규제에 순응하고 자발적으로 참여하도록 했다.

사실 감염병과 문화적 성향의 관련성을 설명하는 것은 이번이 처음
은 아니다. 코로나 이전에도 폐결핵, 말라리아, 뎅기열같이 전파력
이 높은 감염병이 존재했다. 연구자들은 '감염병 스트레스 가설(the
pathogen stress hypothesis)'을 통해 감염병 발생률과 문화 성향의
관련성을 설명해왔다(Murray & Schaller, 2010; Nikolaev et al., 2017;
Thornhill & Fincher, 2014).

감염병 스트레스 가설은 사람들이 감염병에 의한 위협을 최소화하
기 위해 '행동 면역 체계(behavioral immune system)'를 발달시켜왔
다고 가정한다(Schaller, 2011). '진짜' 면역 체계, 즉 생물학적 면역
체계와 마찬가지로, 행동 면역 체계는 감염의 위협을 탐지하고 반응
하기 위한 다양한 방식을 포함한다. 역겨움 같은 감정적 반응, 감염
에 대해 공포와 두려움을 느끼는 인지적 반응, 그리고 집단을 중시
하는 가치와 태도 등이 여기에 포함된다.

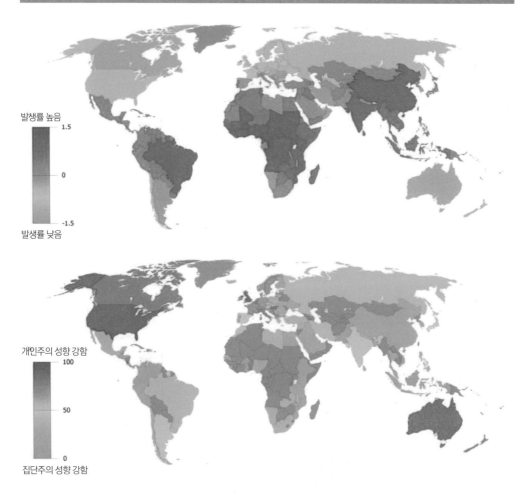

[그래프2] 감염병의 역사적 발생률(상단)과 국가별 개인주의-집단주의 점수(하단)

이를 토대로 흥미로운 주장을 펼친 연구자들이 있는데, 역사적으로 감염병 발생률이 높았던 지역일수록 집단주의 성향도 강하게 나타날 것이라는 것이다(Fincher et al., 2020). 이들은 과거의 감염병 발생률뿐만 아니라 논문이 출판된 시기의 감염병 정보를 활용해 감염병 발생률과 집단주의 점수의 관련성을 분석했다. 연구 결과에 따르면, 지역의 감염병 발생률이 높을수록 집단주의 성향은 높은 반면, 개인주의 성향은 낮게 나타났다.

연구 결과에 따르면, 지역의 감염병 발생률이 높을수록
집단주의 성향은 높은 반면, 개인주의 성향은 낮게 나타났다.

또 다른 연구자들은 100여 개국을 대상으로 역사적 감염병 발생률과 문화적 성향의 관련성을 살펴보았다. [그래프2(상단)]은 국가별 과거 감염병 발생률을 나타낸다. 0을 기준으로 양수는 평균보다 감염병 발생률이 높음을 의미하고, 음수는 평균보다 낮음을 나타낸다.

[그래프2(하단)]은 개인주의-집단주의 성향을 나타낸다. 100(붉은색)에 가까울수록 개인주의 성향이 강하고, 0(초록색)에 가까울수록 집단주의 성향이 강하다는 것을 나타낸다. [그래프2]에서 볼 수 있듯이, 감염병 발생률이 높은 지역일수록 집단주의 성향이 강하다는 것을 확인할 수 있다(Nikolaev et al., 2017).

감염병 발생률과 집단주의 성향의 관련성은 여러 연구자가 반복해 검증했지만(Murray & Schaller, 2010), 이런 연구들은 과거의 감염병 발생률과 현재의 문화적 성향을 횡적(cross-sectionally)으로 분석한 결과를 보고할 뿐이다. 다시 말해, 감염병 발생과 그 진행 과정을 시간적으로 추적하면서 집단주의 성향이 감염병 진행 상황에 맞물려 변화하는지 아닌지 확인해보는 분석은 시도되지 않은 것이다.

아이러니하게도, 코로나는 이를 검증할 수 있는 매우 드문 기회를 제공했다. 우리 연구진은 서울대학교-카카오 행복 데이터베이스를 활용해, 국내 코로나 확산에 따라 개인주의·집단주의 점수가 각각 어떻게 변화하는지 시간적으로 살펴봤다.

2020년 1월 1일부터 4월 7일까지 개인주의-집단주의 척도에 응답한 9,322명의 자료를 분석했다(Kim et al., under review). 개인주의-집단주의 문항은 총 16개로 구성됐으며, 각 항목에 대한 대표 예시로는 "남들에게 의지하기보다, 나 자신을 믿는다(개인주의)"와 "희생이 요구된다 해도, 가족이라면 힘을 모아야 한다(집단주의)"가 있다(Triandis & Gelfand, 1998).

먼저, 코로나 발생 전후로 개인주의와 집단주의 점수가 달라졌는지 검증했다. 코로나 발생 전인 1월 1일~1월 19일과 비교했을 때, 코로나가 확산된 기간인 1월 20일~4월 7일 동안의 집단주의 점수가 더 높은 것으로 나타났다($b=.09, p<.001$). 그러나 개인주의 점수는 코로나 발생 전과 차이가 없는 것으로 나타났다($b=-.01, p=.643$). 감염병이 집단주의 의식을 강화한다는 가설을 지지해주는 증거라고 해석될 수 있다.

이를 더 자세히 살펴보기 위해 국내 확진자 수 변화와 개인주의-집단주의 변화 사이의 관계를 분석했다. 국내 첫 확진자가 발생한 1월 20일부터 4월 7일까지 확진자 추세를 살펴보면, 2월 중순 급격히 증가한 후 소폭 감소, 그리고 다시 유지되는 것으로 나타났다.

흥미롭게도, [그래프3] B에서 볼 수 있듯이, 집단주의 점수의 패턴은 확진자 수 패턴과 유사하게 나타났다. 즉, 확진자가 급증하는 시기에 집단주의 점수 역시 증가했고, 이후 확진자 수가 큰 변화 없이 유지되는 기간 동안 집단주의 점수 역시 같은 패턴을 보였다.

반면 개인주의 점수는 코로나 발생 전부터 코로나가 확산되는 동안 어떤 변화도 없었음을 확인할 수 있다([그래프3] A). 이 결과는 코로나 확산과 집단주의가 관련되어 있음을 시사한다.

집단주의 점수의 패턴은 확진자 수 패턴과 유사하게 나타났다.
즉, 확진자가 급증하는 시기에 집단주의 점수 역시 증가했고,
이후 확진자 수가 큰 변화 없이 유지되는 기간 동안
집단주의 점수 역시 같은 패턴을 보였다.

[그래프3] 국내 확진자 수와 개인주의-집단주의 점수 변화 추이

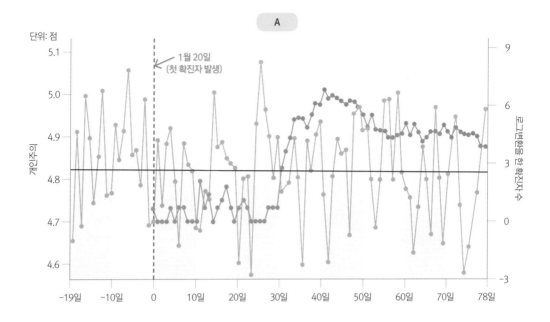

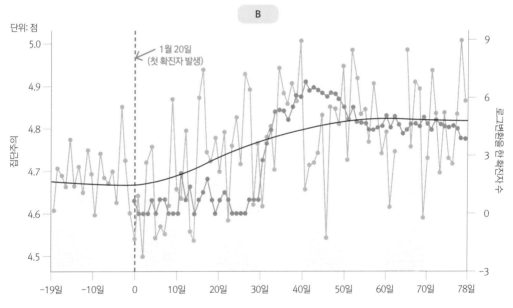

* x축의 숫자는 기준일(Day 0, 즉 1월 20일)로부터 얼마나 시간이 지났는지 나타냄.

—— 로그변환을 한 확진자 수
—— 매일매일의 평균적인 개인주의-집단주의 점수를 선으로 이은 것
—— 개인주의-집단주의 점수에 대한 평활곡선(smoothing curves)

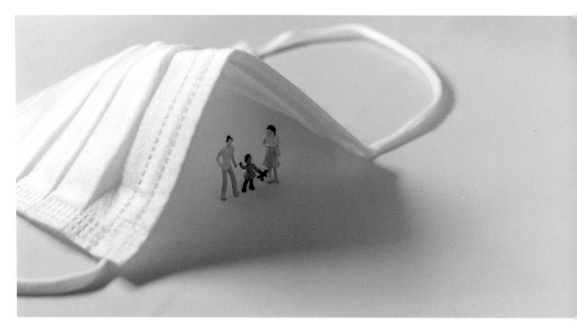

국내 신규 확진자 수와 집단주의 점수는
정적으로 관련돼 있는 것으로 나타난 반면, 개인주의는
관련이 없는 것으로 나타났다

우리는 보다 직접적으로 코로나 확산과 집단주의 점수 사이의 관련성을 확인하기 위해 통계 검증을 추가로 실시했다. 분석 결과에 따르면, 국내 신규 확진자 수와 집단주의 점수는 정적으로 관련돼 있는 것으로 나타난 반면($b=.02, p<.001$), 개인주의는 관련이 없는 것으로 나타났다($b=-.00, p=.962$).

본 분석 결과는 감염병 스트레스 가설에서 제안한 대로, 감염에 대한 위협이 사람들의 집단주의 성향을 높이는 데 기여했음을 시사한다.

감염병 발생률과 문화 성향에 관한 대다수 연구가 감염병 발생률에 관한 역사적 기록과 집단주의 간 관련성을 밝힌 것에 비해, 본 연구는 현재 진행 중인 코로나 확산과 집단주의 성향 간 관련성을 살펴봤다는 점에서 더욱 의의가 있다.

코로나가 우리에게 남긴 숙제들

집단주의 성향의 긍정적 측면과 부정적 측면

코로나 유행과 집단주의 성향은 우리에게 2가지 숙제를 남겼다.

먼저 코로나 확산과 집단주의 성향이 감염병 대처 방식에 미치는 영향을 보다 직접적으로 살펴볼 필요가 있다. 예를 들어 감염병 유행이 집단주의 가치를 중시하게 하고, 이로 인해 정부의 방역 지침(예: 마스크 착용, 손 씻기, 모임에 참석하지 않기 등)에 더 적극적으로 참여하게 됐는지 등을 체계적으로 규명해볼 필요가 있다.

또 다른 숙제는 감염병 확산으로 강화된 집단주의 성향이 역효과를 일으키지 않도록 주의해야 한다는 점이다. 감염 위협으로 강화된 집단주의 가치에는 긍정적 측면도 있지만 동시에 부정적 측면도 있다. 코로나 확산을 막기 위한 정부 규제에 순응하고 협조하는 현상은 집단주의의 긍정적인 효과를 보여준다.

그러나 집단주의는 자신이 속한 내집단(ingroup)과 그렇지 않은 외집단(outgroup)을 명확히 구분하면서 내집단 편향(ingroup bias)을 유발할 수 있다(Schaller, 2011). 즉, 내집단은 실제보다 더 긍정적으로 평가하거나 우대하는 한편, 외집단에 대해서는 편견을 가지거나 차별적으로 행동할 가능성이 있다.

포크너(Faulkner) 등은 실험을 통해 이러한 가능성을 보여줬다. 연구진은 참여자에게 일상생활에서 박테리아에 얼마나 쉽게 감염될 수 있는지 보여주는 사진(예, 주방용 수세미로 인한 감염)을 제시한 후, 외국인 이민자에 대한 태도를 측정했다.

그 결과, 통제 조건과 비교했을 때 감염 위협에 노출된 참여자들은 친숙하지 않은 외국인 이민자를 부정적으로 평가했고, 이들을 위한 기금을 사용하는 데 인색하도록 만들었다(Faulkner et al., 2004).

내집단은 실제보다 더 긍정적으로 평가하거나 우대하는 한편,
외집단에 대해서는 편견을 가지거나
차별적으로 행동할 가능성이 있다.

국내 코로나 확진자 수가 급증했던 초기에는
해외 유학 중인 한국 학생이 폭행이나
인종차별을 당했다는 기사를 심심치 않게 볼 수 있었다.

안타깝게도 이런 현상은 실험실 밖에서 더욱 극단적으로 나타났다.
국내 코로나 확진자 수가 급증했던 초기에는 해외 유학 중인 한국
학생이 폭행이나 인종차별을 당했다는 기사를 심심치 않게 볼 수
있었다.

때로는 한국이 가해자가 되기도 했다. 코로나 발생 초기에는 그 전
에 비해 중국과 중국인에 대한 부정적인 평가가 증가했다(안용성
외, 2020). 이처럼 감염병이 유행하는 동안 집단주의는 '제노포비아
(xenophobia)'라는 이름의 외국인 혐오와 차별을 일으킬 가능성이
높다.

집단주의는 코로나 방역을 성공적으로 이끈 도구지만 코로나로 인
해 강화된 집단주의가 도리어 집단 간 갈등을 유발하는 위험 요인
이 되기도 한다는 사실은 우리 사회에 작지 않은 성찰의 메시지를
던진다.

집단주의는 코로나 방역을 성공적으로 이끈 도구지만
코로나로 인해 강화된 집단주의가 도리어 집단 간 갈등을 유발하는
위협 요인이 되기도 한다는 사실은
우리 사회에 작지 않은 성찰의 메시지를 던진다。

코로나를 통해 알게 된 행복의 비밀

코로나는 우리에게서 많은 것을 빼앗아 갔지만, 동시에 많은 것들을 가져다주었다. 지구는 더 깨끗해졌고, 우리 몸은 감기에 강해졌다. 무엇보다 우리는 더 지혜로워졌다. 어떤 국가가 진정 실력 있는 국가인지, 어떤 리더가 진정 능력 있는 리더인지를 알게 되었으며, 없어서는 절대 안 될 것들과 없어도 되는 것들을 구분할 수 있게 되었다. 결국, 행복에 이르는 길을 더 선명하게 발견하게 되었다. 『대한민국 행복지도 2021: 코로나19 특집호』를 통해 우리가 얻을 수 있었던 행복에 관한 지혜는 다음과 같다.

1 우리의 행복은 마음에만 있지 않다

코로나로 인한 삶의 변화는 행복의 변화로 민감하게 이어졌다. 행복은 우리 삶과 떼려야 뗄 수 없다. 마음먹기만으로는 행복해질 수 없으며, 질병과 가난, 고통을 해결해주는 사회에서 사는 것이 중요하다는 점을 깨닫게 되었다.

2 우리의 행복은 저력이 있다

코로나로 인한 행복의 하락이 있었지만, 우리의 행복은 다시금 회복하는 저력도 보여주었다. 인간은 고난으로 인해 무너지는 존재가 아니라, 고난 속에서도 놀라운 회복력을 지닌 존재라는 점을 알게 되었다. 경제가 악화되고 삶의 여건들이 나빠지는 정도에 비해 행복의 감소 정도는 크게 우려할 수준은 아니었다.

3 행복의 취약 계층이 존재한다

재난이 모두에게 동일하게 찾아오지 않듯이, 그로 인한 행복의 감소 역시 모두에게 동일하지 않았다. 코로나는 '젊은 계층'과 '여성'의 행복을 많이 떨어트렸다. 코로나와 같은 대규모 재난 시에 누구의 정신 건강을 먼저 신경 써야 하는지를 알게 되었다.

4 전통적인 행복 부자들의 행복 감소가 컸다

외향적인 사람들과 상위 계층 사람들은 전통적인 행복 부자들이다. 외향적인 사람들은 선천적인 긍정성과 사회성으로 인해 행복 수준이 높고, 상위 계층 사람들은 소득의 여유로 인해 행복 수준이 높다. 그랬던 이들이 사회적 거리두기로 인한 사회적 접촉의 결핍, 여행과 사교와 같은 경험 소비의 축소로 인해 행복의 감소를 크게 경험했다. 세상이 약간은 공평해진 셈이다. 그럼에도 이들의 평균 행복 수준은 여전히 내성적인 사람들과 하위 계층 사람들보다는 높았다.

5 지루함이 무섭다

코로나로 인해 늘어난 부정적 정서 중에 단연 주목할 만한 것이 지루함이다. 지루함은 감염과 죽음으로 인한 것이 아니라 축소된 일상과 삶의 단조로움으로 인해 생겨난 감정이다. 코로나 기간 동안 우리의 행복은 확진자 수가 최고조로 달했던 순간보다 고강도 사회적 거리두기가 정점에 이른 시기에 더 많이 떨어졌고, 그 중심에 지루함의 증가와 즐거움의 감소가 있었다. 우리 인간에게는 생존도 중요하지만 재미있게 사는 것이 무엇보다 중요함을 알게 되었다.

6 감염병은 몸만 아니라 마음까지 바꾼다

바이러스는 신체적 질병만을 유발하는 것이 아니라, 우리 마음의 근본적인 가치 체계까지도 바꾸는 힘이 있음을 알게 되었다. 대규모 감염병은 우리 안의 집단주의적 가치를 강화시켜 다른 집단에 대한 경계 의식을 높인다. 다른 집단과의 접촉을 차단하기 위해 다른 나라에 대한 입국 금지를 빠르게 진행하는 결단력을 보이기도 한다. 겉으로 보기에는 다분히 정치적이고 외교적인 결정이지만, 들여다보면 볼수록 심리적이고 문화적인 결정이다. 개인과 국가가 내리는 선택에 대하여 눈에 보이는 요인들로 선불리 설명해버리는 오류를 경계해야 한다는 교훈까지 얻었다. 베트남은 우리나라를 얕보기 때문이 아니라, 그들의 생존을 위해 내려야만 하는 결정을 내렸을 뿐이다.

7 행복의 조건들이 더욱 선명해졌다

"긍정적으로 생각하라", "타인과의 관계를 돈독히 하라", "취미를 가져라", 진부한 조언이라고 치부하기 쉬운 행복의 조건들이다. 평소에는 그렇다. 그러나 코로나 기간 동안 위 세 가지를 실천한 사람들의 놀라운 탄력성을 보면서, 진부한 것들 속에 진리가 있음을 확인할 수 있었다. 행복에 관한 한 기본에 충실해야 한다. 행복에 마법은 없다. 마음과 사람과 습관을 관리하는 것, 행복의 기본 정석임을 다시 한번 생각하게 되었다.

8 국가와 문화가 중요하다

행복은 개인의 사적인 영역만이 아니었다. 효율

적인 정부를 가진 국가에서 코로나 피해가 적었고, 느슨한 문화를 가진 국가에서 피해가 컸다. 개인의 행복은 어떤 국가, 어떤 문화 속에 사느냐에 따라 영향을 받는다는 점을 알게 되었다. 개인의 행복을 위해 국가는 국가가 마땅히 해야 할 일들을 훌륭하게 해내야 한다. 행복에 저해되는 문화적 요소들을 바꾸어나가는 작업도 국가가 선도해야 한다. 행복은 개인적이면서 공동체적이고, 내적이면서 외적인 것임을 다시금 배우게 되었다.

9 K-데이터가 중요하다

K-방역과 K-백신도 중요하지만, K-데이터가 중요함을 절실히 깨닫게 되었다. 본 보고서가 나올 수 있었던 것도 서울대 - 카카오 데이터베이스가 존재했기 때문이다. 본 보고서보다 더 체계적이고 정교한 분석들이 나오기 위해서는 우리 연구진의 데이터베이스보다 나은 데이터베이스가 필요하다. 자료를 축적하는 작업은 화려하지 않다. 평소에는 빛이 나지 않는 작업이다. 코로나와 같은 이례적인 상황이 발생할 때 비로소 그 존재 가치가 드러난다. 국가는 우리 사회에 필요한 다양한 데이터들을 축적하는 작업에 투자해야 한다. 묵묵히 그 일을 하고 있는 사람들에게 경의를 표한다.

10 끝까지 지속하는 것이 중요하다

매일매일 행복을 측정했기 때문에 코로나와 행복의 연동을 세밀하게 관찰할 수 있었다. 일회적인 조사만으로는 전체 궤적을 그릴 수 없었을 것이다. 결국, 앞으로가 문제다. 코로나는 현재 진행 중이며, 그로 인한 파장을 연구하는 사람들의 작업들도 현재 진행 중이다. 본 연구진의 대한민국 행복 보고서 작업도 앞으로도 쭉 계속될 것이다. 무슨 일이든 끝까지 지속하는 것이 중요하다. 행복도 그렇다.

2020년 한 해 동안 안녕지수 프로젝트에 참가한 사람들은 누구였을까?

안녕지수 프로젝트의 성별·연령별·지역별 응답자 분석

전체 응답자 143만 9,670명   응답 건수 256만 7,046건

성별 비율
단위 : 명

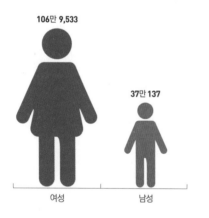

106만 9,533 (여성)

37만 137 (남성)

2018년, 2019년과 마찬가지로 여성 응답자의 수가 남성 응답자 수에 비해 절대 숫자에서 크게 앞섰다. 비록 여성 참여자의 수가 남성 참여자에 비해 약 2.9배 많았지만 남성 응답자의 수가 약 37만 명에 달하기 때문에, 남녀 표본의 차이가 분석 결과를 왜곡할 가능성은 거의 없다고 할 수 있다.

연령별 비율
단위 : 명

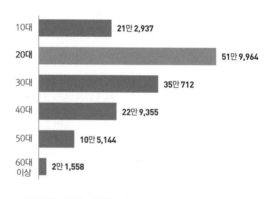

10대	21만 2,937
20대	51만 9,964
30대	35만 712
40대	22만 9,355
50대	10만 5,144
60대 이상	2만 1,558

20대와 30대의 비율이 36.1%와 24.4%로 전체 응답자의 약 60%를 차지했다. 비록 20대, 30대의 이용자 비율이 다른 연령대에 비해 높았지만, 타 연령대의 응답자의 절대적 숫자가 적게는 2만 명에서는 많게는 23만 명에 달하기 때문에 그 어느 행복 조사보다 연령대별로 충분한 응답자를 확보했다고 할 수 있다. 또한, 2020년에는 지난 해인 2019년과 비교하여 40대, 50대, 60대 이상 응답자 수가 약 8만 3천 명 증가하여, 올해 자료는 이전에 비해 중장년 세대의 행복 양상을 보다 정확히 담아내고 있다고 할 수 있다.

지역별 분포

표기 순서 : 이용자 분포 (인구 분포)

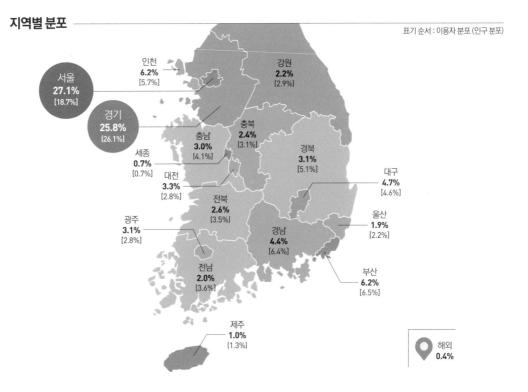

인천
6.2%
[5.7%]

강원
2.2%
[2.9%]

서울
27.1%
[18.7%]

경기
25.8%
[26.1%]

충북
2.4%
[3.1%]

경북
3.1%
[5.1%]

충남
3.0%
[4.1%]

세종
0.7%
[0.7%]

대전
3.3%
[2.8%]

대구
4.7%
[4.6%]

전북
2.6%
[3.5%]

울산
1.9%
[2.2%]

광주
3.1%
[2.8%]

경남
4.4%
[6.4%]

전남
2.0%
[3.6%]

부산
6.2%
[6.5%]

제주
1.0%
[1.3%]

해외
0.4%

응답 횟수별 응답자 수

표기 순서 :
응답 비율 (응답자 수)

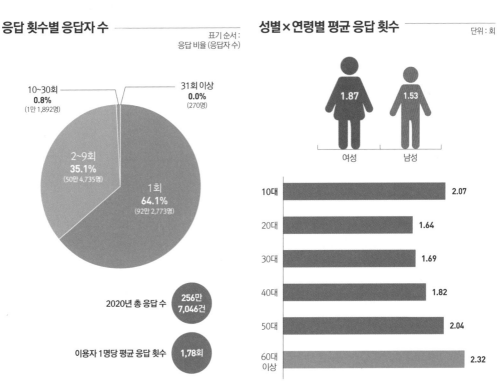

10~30회
0.8%
(1만 1,892명)

31회 이상
0.0%
(270명)

2~9회
35.1%
(50만 4,735명)

1회
64.1%
(92만 2,773명)

2020년 총 응답 수   **256만 7,046건**

이용자 1명당 평균 응답 횟수   **1.78회**

성별×연령별 평균 응답 횟수

단위 : 회

여성 1.87
남성 1.53

10대	2.07
20대	1.64
30대	1.69
40대	1.82
50대	2.04
60대 이상	2.32

사람들은 언제
안녕지수에 응답했을까?

○
●

안녕지수 프로젝트의 월별·요일별·시간대별 응답자 분석

월별 응답 빈도
단위 : 회

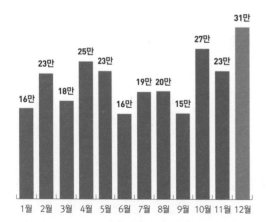

요일별 응답 빈도
단위 : 회

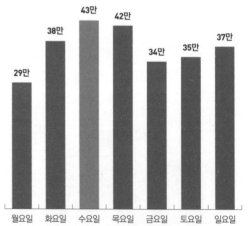

월별 안녕지수 응답 건수를 보면, 12월이 31만 1,785회 (12.1%)로 가장 많았고, 9월이 15만 4,594회(6.0%)로 가장 적었다. 월별 응답 추세를 살펴보면, 4분기(10~12월)에 들어 응답 건수가 크게 증가했음을 확인할 수 있다. 해당 기간의 응답 건수는 81만 8,116회로 전체의 약 32%를 차지했다. 4분기에 들어서면서 이용 건수가 증가한 데는 여러 이유가 있겠지만, 코로나 사태가 길어지면서 사람들의 행복에 대한 관심이 커진 것이 주된 원인 중 하나라고 추측해볼 수 있다.

요일별 응답 횟수는 2019년과 마찬가지로 수요일 (16.8%)이 가장 많았고, 월요일(11.2%)이 가장 적었다. 요일별로 응답 횟수 차이는 존재하지만 각 요일마다 수집된 자료의 숫자가 최소 28만 건 이상으로 방대하기 때문에 자료 분석에는 문제가 되지 않을 것이라 판단된다.

단위 : 회

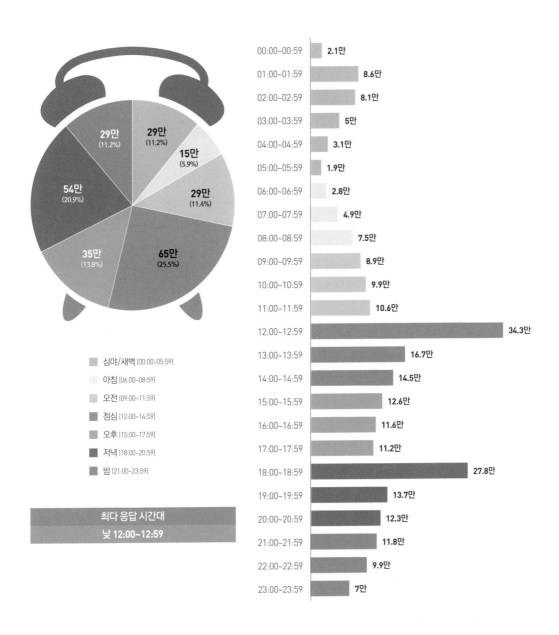

시간대	빈도
00:00~00:59	2.1만
01:00~01:59	8.6만
02:00~02:59	8.1만
03:00~03:59	5만
04:00~04:59	3.1만
05:00~05:59	1.9만
06:00~06:59	2.8만
07:00~07:59	4.9만
08:00~08:59	7.5만
09:00~09:59	8.9만
10:00~10:59	9.9만
11:00~11:59	10.6만
12:00~12:59	34.3만
13:00~13:59	16.7만
14:00~14:59	14.5만
15:00~15:59	12.6만
16:00~16:59	11.6만
17:00~17:59	11.2만
18:00~18:59	27.8만
19:00~19:59	13.7만
20:00~20:59	12.3만
21:00~21:59	11.8만
22:00~22:59	9.9만
23:00~23:59	7만

심야/새벽 [00:00~05:59]
아침 [06:00~08:59]
오전 [09:00~11:59]
점심 [12:00~14:59]
오후 [15:00~17:59]
저녁 [18:00~20:59]
밤 [21:00~23:59]

최다 응답 시간대
낮 12:00~12:59

하루 중 안녕지수 응답이 가장 많았던 시간대는 낮 12:00에서 12:59 사이로 전체 응답의 13.4%를 차지했다. 다음으로는 오후 18:00~18:59 사이에 전체 응답 중 10.8%가 이루어졌다. 시간별 반응 빈도를 볼 때, 사람들이 비교적 시간을 내기 쉬운 점심과 저녁 식사 시간대를 이용하여 안녕지수에 많이 응답했음을 알 수 있다.

2020년 대한민국 안녕지수 분포

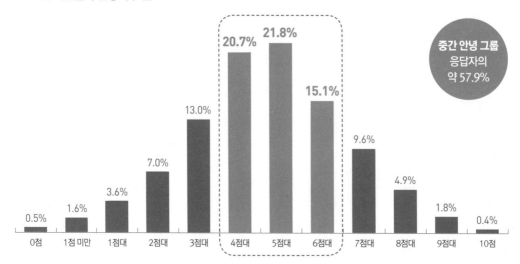

2020년 한국인의 안녕지수 분포 양상은 예전과 마찬가지로 중간 점수대가 많고 양 끝으로 갈수록 수가 작아지는 종모양의 정규 분포 형태를 보였다. 4~6점대의 중간 안녕 그룹에 응답자의 과반수가 넘는 57.7%가 자리하고 있고, 7점대이상의 최고 안녕 그룹과 3점대 이하의 최저 안녕 그룹에 각각 응답자의 16.7%와 25.7%가 분포되어 있었다. 전반적인 분포 양상에서는 2019년과 유사한 모습을 보였다. 그러나 작년 대비 최저 안녕지수 그룹의 비율이 0.5%로, 최고 안녕지수 그룹의 비율이 0.1%로 상승한 점은 코로나 등의 이유로 2020년 한 해 동안 대한민국의 행복 양상이 보다 양극화되었음을 보여주는 결과라 할 수 있다.

2020년 UN 세계 행복 국가 순위와 비교한 대한민국 삶의 만족도 분포

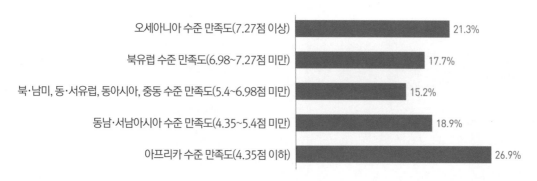

UN에서 조사한 세계 각국의 삶의 만족도 수준을 바탕으로 한국인의 삶의 만족도 양상을 분석해보면, 대한민국에 살고있지만 삶의 만족도 수준은 오세아니아나 북유럽 사람들과 비슷한 사람들의 비율이 39%, 아프리카 사람들의 만족도와 유사한 사람들의 비율이 26.9%에 달하는 점을 알 수 있다. 2019년과 비교하여 2020년 삶의 만족도 수준이 아프리카 수준에 해당하는 한국인의 비율이 1.9%나 증가했는데, 이는 코로나 등의 원인으로 2020년 한 해 동안 하루하루를 힘들게 버틴 사람들의 수가 크게 증가했음을 보여준다.

2020년 대한민국의 유쾌한 날과 불쾌한 날의 비율

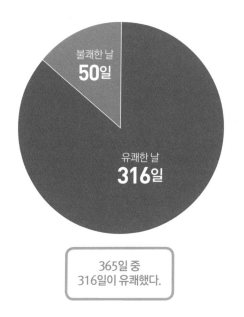

불쾌한 날
50일

유쾌한 날
316일

365일 중
316일이 유쾌했다.

안녕지수를 통해 수집된 3가지 긍정정서(행복, 즐거움, 편안함)와 4가지 부정정서(지루함, 짜증, 우울, 불안) 값을 각각 평균 내어 두 평균의 차이값으로 감정 밸런스 점수를 구했다. 감정 밸런스 점수가 플러스(+)이면, 긍정정서가 부정정서보다 더 높은 것을, 마이너스(-)이면 부정정서가 긍정정서보다 더 높은 것을 뜻한다.

2020년 366일 동안 매일매일의 감정 밸런스 점수를 구해서 분석해본 결과, 감정 밸런스 값이 플러스인 유쾌한 날이 316일, 감정 밸런스 값이 마이너스인 불쾌한 날이 50일인 것으로 확인됐다. 2020년 한 해 동안 감정 상태가 유쾌했던 날의 숫자가 불쾌했던 날에 비해 6배 더 많아, 전반적으로 사람들의 감정 상태가 긍정적이었다고 할 수 있다. 하지만 2019년에 불쾌한 날이 6일에 불과했던 점을 생각해보면 2020년이 얼마나 정서적으로 힘든 해였는지를 쉽게 이해할 수 있다. 2020년 내내 지속된 코로나 사태는 한국인들의 마음에 지루함, 짜증, 우울, 그리고 불안을 키웠다고 할 수 있다.

요일별 안녕지수

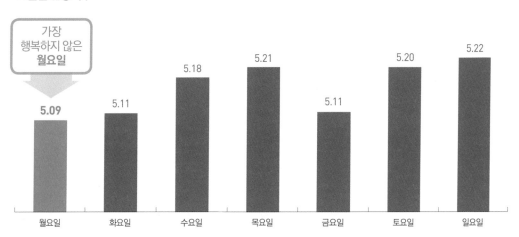

가장
행복하지 않은
월요일

월요일	화요일	수요일	목요일	금요일	토요일	일요일
5.09	5.11	5.18	5.21	5.11	5.20	5.22

2020년 한 해 동안 각 요일 별 안녕지수 평균값을 비교한 결과, 일주일 중 월요일(5.09점)의 점수가 가장 낮았고, 일요일(5.22점)과 토요일(5.20점)의 점수가 높은 것으로 밝혀졌다. 2020년 안녕지수 자료 분석 결과, 월요일이 일주일 중 가장 불행한 요일로 확인됐는데, 이는 사람들이 말하는 월요병이 실제로 일상 생활에 존재함을 지지하는 증거라 할 수 있다. 반면, 금요일의 안녕지수(5.11점)는 여타 평일에 비해 높지 않은 것으로 나타나, 흔히 '불금'으로 이야기되는 금요일 행복에 대한 일반인들의 믿음이 사람들의 실제 경험과는 차이가 있음을 확인할 수 있었다.
2019년과 비교하여 2020년 자료에서 흥미롭게도 토요일의 안녕지수가 2019년에 비해 0.07점 하락하였는데, 이는 코로나 사태로 사회적 거리가 일상화되면서 토요일에 이루어진 외부 활동들이 제약 받은 결과라 해석해볼 수 있다.

시간대별 안녕지수

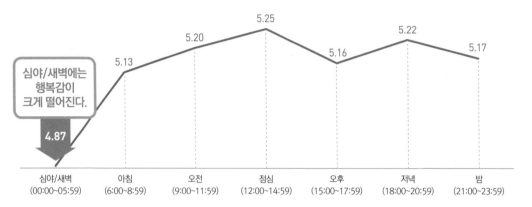

심야/새벽에는 행복감이 크게 떨어진다.

4.87

| 심야/새벽 (00:00~05:59) | 아침 (6:00~8:59) | 오전 (9:00~11:59) | 점심 (12:00~14:59) | 오후 (15:00~17:59) | 저녁 (18:00~20:59) | 밤 (21:00~23:59) |

5.13 · 5.20 · 5.25 · 5.16 · 5.22 · 5.17

요일 시간대별 행복 바이오리듬

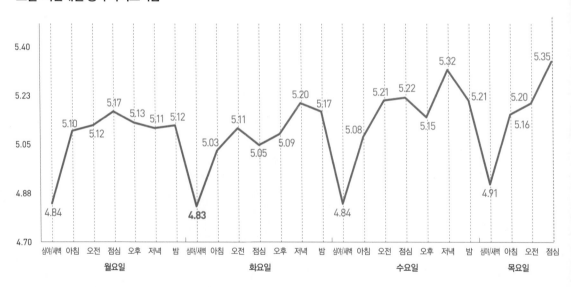

일주일 동안 시간대별로 사람들의 안녕지수 값을 평균 내어 일주일 동안의 행복 바이오 리듬을 분석했다. 분석 결과, 모든 요일에서 심야/새벽 시간에 행복감이 떨어지고 점심과 저녁 시간에 행복감이 상승하는 양상을 보였다. 일주일 중에 행복 수준이 가장 높을 때는 일요일 점심 시간대(5.38점)였고, 가장 낮은 시점은 화요일 심야/새벽 시간대(4.83점)였다. 심야/새벽 시간대를 제외하고 일주일 중 가장 행복감이 낮을 때는 금요일 점심으로 안녕지수가 5.02점에 불과했다. 따라서 금요일 점심 시간대는 본인만의 소확행 활동을 통해 행복감을 끌어 올릴 필요가 있다.

하루 일과를 7개의 시간대로 나누어 안녕지수를 비교해본 결과, 심야/새벽의 안녕지수가 4.87점으로 여타 시간 대에 비해 크게 낮았다. 이러한 양상은 2019년에도 관찰된 것으로 심야/새벽 시간 동안 사람들의 행복이 가장 취약함을 알 수 있다. 그런데 흥미로운 점은 2019년 자료와 비교하여 2020년 다른 시간대의 안녕지수가 작게는 0.02점, 많게는 0.1점 하락한 데 반해, 심야/새벽 시간 대의 안녕지수는 4.87점으로 동일한 수준을 유지한 것이다. 이처럼 심야/새벽 시간대의 안녕지수가 유지된 것은 이 시간대에 사람들이 주로 실내에서 혼자 시간을 보내기 때문에, 코로나의 영향을 상대적으로 덜 받았기 때문이라고 추측해볼 수 있다.

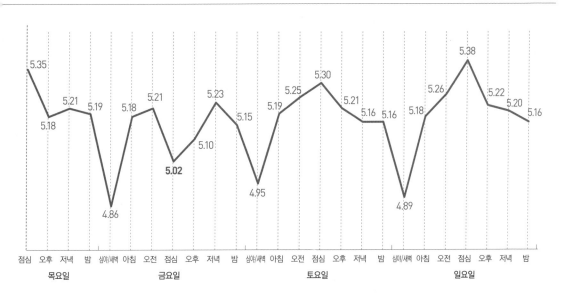

참고문헌

Intro

질병관리청. (2020). 코로나바이러스감염증-19 국내 발생 현황(12월 31일, 정례브리핑). 중앙방역대책본부 대응지원팀. https://www.cdc. go.kr/board/board.es?mid=a20501010000&bid=0015&list_no=711635&cg_code=&act=view&nPage=24

한국경제연구원. (2020). 코로나 확산규모 따라 올해 韓 경제성장률 -2.3~-5.5%추락. KERI 한국경제연구원. Retrieved March 24 from http://www.keri.org/web/www/news_02?p_p_id=EXT_BBS&p_p_lifecycle=0&p_p_state=normal&p_p_mode=view&_ EXT_BBS_struts_action=%2Fext%2Fbbs%2Fview_message&_EXT_BBS_messageId=356048

Arslan, G., & Allen, K.-A. (2021). Exploring the association between coronavirus stress, meaning in life, psychological flexibility, and subjective well-being *Psychology, health&medicine*, 1–12.

Borio, C. (2020). The Covid-19 economic crisis: dangerously unique. *Business Economics, 55*(4), 181–190. https://doi. org/10.1057/s11369-020-00184-2

Choi, I., Choi, J., Choi, E., LEE, S., Kim, N., Lee, S. S., Lee, M., & Kwon, Y. (2019). *About H: Korean Happiness Report*. Book21.

Choi, I., Choi, J., Kim, J. H., Shim, Y., Kim, N., Lee, S. S., & Kwon, Y. (2020). *Korean Happiness Report 2020*. Book21.

Choi, I., Kim, J. H., Kim, N., Choi, E., Na, J., Suk, H., & Choi, J. (in press). How COVID-19 affected mental well-being: An 11-week trajectories of daily well-being of Koreans amidst COVID-19 by age, gender, and region. PLoS ONE.

Dein, S., Loewenthal, K., Lewis, C. A., & Pargament, K. I. (2020). COVID-19, mental health and religion: an agenda for future research. *Mental Health, Religion & Culture, 23*(1), 1–9. https://doi.org/10.1080/13674676.2020.1768725

Kim, M., Park, I.-H., Kang, Y.-S., Kim, H., Jhon, M., Kim, J.-W., Ryu, S., Lee, J.-Y., Kim, J.-M., Lee, J., & Kim, S.-W. (2020). Comparison of Psychosocial Distress in Areas With Different COVID-19 Prevalence in Korea [Original Research]. *Frontiers in Psychiatry, 11*(1318). https://doi.org/10.3389/fpsyt.2020.593105

Lee, H.-S., Dean, D., Baxter, T., Griffith, T., & Park, S. (2021). Deterioration of mental health despite successful control of the COVID-19 pandemic in South Korea. *Psychiatry Research, 295*, 113570. https://doi.org/10.1016/j.psychres.2020.113570

Lee, J., Chin, M., & Sung, M. (2020). How Has COVID-19 Changed Family Life and Well-Being in Korea? *Journal of Comparative Family Studies, 51*(3-4), 301–313.

Lee, S. A., Jobe, M. C., Mathis, A. A., & Gibbons, J. A. (2020). Incremental validity of coronaphobia: Coronavirus anxiety explains depression, generalized anxiety, and death anxiety. *Journal of anxiety disorders, 74*, 102268. https://doi.org/10.1016/j.janxdis.2020.102268

Lowe, J., Rumbold, B., & Aoun, S. M. (2020). Memorialisation during COVID-19: implications for the bereaved, service providers and policy makers. *Palliative Care and Social Practice, 14*, 2632352420980456. https://doi. org/10.1177/2632352420980456

Masonbrink, A. R., & Hurley, E. (2020). Advocating for children during the COVID-19 school closures. *Pediatrics, 146*(3). https://doi.org/10.1542/peds.2020-1440

Nicola, M., Alsafi, Z., Sohrabi, C., Kerwan, A., Al-Jabir, A., Iosifidis, C., Agha, M., & Agha, R. (2020). The socio-economic implications of the coronavirus pandemic (COVID-19): A review. *International Journal of Surgery, 78*, 185–193. https://doi. org/10.1016/j.ijsu.2020.04.018

Vindegaard, N., & Benros, M. E. (2020). COVID-19 pandemic and mental health consequences: Systematic review of the current evidence. *Brain, behavior, and immunity, 89*, 531–542. https://doi.org/10.1016/j.bbi.2020.05.048

Wagner, B. G., Choi, K. H., & Cohen, P. N. (2020). Decline in Marriage Associated with the COVID-19 Pandemic in the United States. *Socius, 6*, 2378023120980328. https://doi.org/10.1177/2378023120980328

WHO. (2021). WHO Coronavirus (COVID-19) Dashboard. https://covid19.who.int/

Xiong, J., Lipsitz, O., Nasri, F., Lui, L. M. W., Gill, H., Phan, L., Chen-Li, D., Iacobucci, M., Ho, R., Majeed, A., & McIntyre, R. S. (2020). Impact of COVID-19 pandemic on mental health in the general population: A systematic review. *Journal of Affective Disorders, 277*, 55–64. https://doi.org/10.1016/j.jad.2020.08.001

코로나 확산 추이에 따른 성별, 연령별, 지역별 행복 변화의 궤적

동북지방통계청(2020). 2020년 1분기 대구, 경북 지역 경제 동향. http://kostat.go.kr/regional/db/db_ntc/1/1/index.board?bmode=read&aSeq=382550&pageNo=5&rowNum=10&amSeq=&sTarget=&sTxt=에서 인출.

한국리서치(2020, 02). 여론 속의 여론 제65호. https://www.hrc.co.kr/infocenter/project_view.asp?TABLE=kproject&NUM=174&CMD=view에서 인출.

한국리서치(2020, 03). 여론 속의 여론 제70호. https://www.hrc.co.kr/infocenter/project_view.asp?TABLE=kproject&NUM=174&CMD=view에서 인출.

한국은행(2020, 03). 지역경제보고서. https://www.bok.or.kr/portal/bbs/P0002507/view.do?nttId=10057287&menuNo=200069에서 인출.

행정안전부(2020, 12). 주민등록 인구 및 세대현황. https://jumin.mois.go.kr(2021, 02, 22)에서 인출.

Ahmed, M. Z., Ahmed, O., Aibao, Z., Hanbin, S., Siyu, L., & Ahmad, A. (2020). Epidemic of COVID-19 in China and associated Psychological Problems. *Asian Journal of Psychiatry, 51*, 102092. https://doi.org/10.1016/j.ajp.2020.102092

Azcona, G., Bhatt, A., Encarnacion, J., Plazaola-Castaño, J., Seck, P., Staab, S., & Turquet, L. (2020). From Insights to Action: Gender equality in the wake of COVID-19. http://hdl.handle.net/20.500.12389/22632

Blanchard-Fields, F., Chen, Y., & Norris, L. (1997). Every day problem solving across the adult life span: Influence of domain specificity and cognitive appraisal. *Psychology and Aging, 12*(4), 684 - 693.

Burki, T. (2020). The indirect impact of COVID-19 on women. *The Lancet Infectious Diseases, 20*(8), 904-905. https://doi.org/10.1016/S1473-3099(20)30568-5

Burr, D. A., Castrellon, J. J., Zald, D. H., & Samanez-Larkin, G. R. (2020). Emotion dynamics across adulthood in everyday life: Older adults are more emotionally stable and better at regulating desires. Emotion. Advanced online publication.

Carstensen, L. L. (1992). Social and emotional patterns in adulthood: Support for socioemotional selectivity theory. *Psychology and Aging, 7*(3), 331-338.

Carstensen, L. L., Fung, H. H., & Charles, S. T. (2003). Socioemotional Selectivity Theory and the Regulation of Emotion in the Second Half of Life. *Motivation and Emotion, 27*(2), 103-123.

Choe, Y., Choi, E., Park, J., Han, M., Park, K., Kim, J., . . . Sung, M. (2020). Analysis on 54 Mortality Cases of Coronavirus Disease 2019 in the Republic of Korea from January 19 to March 10, 2020. *Journal of Korean Medical Science, 35*(12), e132.

Choi, I., Choi, J., Choi, E., LEE, S., Kim, N., Lee, S. S., Lee, M., & Kwon, Y. (2019). *About H: Korean Happiness Report*. Book21.

Choi, I., Choi, J., Kim, J., Shim, Y., Kim, N., Lee, S. S., & Kwon, Y. (2020). *Korean Happiness Report 2020*. Book21.

Dang, H.-A. H., & Viet Nguyen, C. (2020). Gender inequality during the COVID-19 pandemic: Income, expenditure, savings, and job loss. *World Development*, 105296. https://doi.org/10.1016/j.worlddev.2020.105296

Dowd, J. B., Andriano, L., Brazel, D. M., Rotondi, V., Block, P., Ding, X., . . . Mills, M. C. (2020). Demographic science aids in understanding the spread and fatality rates of COVID-19. *Proceedings of the National Academy of Sciences, 117*(18), 9696-9698

Heckhausen, J., & Schulz, R. (1995). A life-span theory of control. *Psychological Review, 102*(2), 284 - 304.

Jin, J.-M., Bai, P., He, W., Wu, F., Liu, X.-F., Han, D.-M., Liu, S., & Yang, J.-K. (2020). Gender Differences in Patients With COVID-19: Focus on Severity and Mortality [Original Research]. *Frontiers in Public Health, 8*(152). https://doi.org/10.3389/fpubh.2020.00152

Lee, H.-S., Dean, D., Baxter, T., Griffith, T., & Park, S. (2021). Deterioration of mental health despite successful control of the COVID-19 pandemic in South Korea. *Psychiatry Research, 295*, 113570. https://doi.org/10.1016/j.psychres.2020.113570

Mazza, C., Ricci, E., Biondi, S., Colasanti, M., Ferracuti, S., Napoli, C., & Roma, P. (2020). A Nationwide Survey of Psychological Distress among Italian People during the COVID-19 Pandemic: Immediate Psychological Responses and Associated Factors. *International Journal of Environmental Research and Public Health, 17*(9), 3165. https://www.mdpi.com/1660-4601/17/9/3165

Newsis. (2021. 02. 02). '코로나 충격' 女취업자 14만명 감소…男보다 1.75배 피해 더 컸다. 공감언론뉴시스. https://newsis.com/view/?id=NISX20210201_0001325815&cID=10201&pID=10200

Olagoke, A. A., Olagoke, O. O., & Hughes, A. M. (2020). Exposure to coronavirus news on mainstream media: The role of risk perceptions and depression. *British journal of health psychology, 25*(4), e12427. https://doi.org/10.1111/bjhp.12427

Ozamiz-Etxebarria, N., Dosil-Santamaria, M., Picaza-Gorrochategui, M., & Idoiaga-Mondragon, N. (2020). Stress, anxiety, and depression levels in the initial stage of the COVID-19 outbreak in a population sample in the northern Spain. *Cadernos de saude publica, 36*(4). https://doi.org/10.1590/0102-311X00054020.

Parohan, M., Yaghoubi, S., Seraji, A., Javanbakht, M. H., Sarraf, P., & Djalali, M. (2020). Risk factors for mortality in patients with Coronavirus disease 2019 (COVID-19) infection: a systematic review and meta-analysis of observational studies. *The Aging Male, 1-9.* https://doi.org/10.1080/13685538.2020.1774748

Ready, R. E., Åkerstedt, A. M., & Mroczek, D. K. (2012). Emotional complexity and emotional well-being in older adults: Risks of high neuroticism. *Aging & Mental Health, 16*(1), 17-26

Röcke, C., Li, S.-C., & Smith, J. (2009). Intraindividual variability in positive and negative affect over 45 days: Do older adults fluctuate less than young adults? *Psychology and Aging, 24*(4), 863-878.

Sharma, G., Volgman, A. S., & Michos, E. D. (2020). Sex Differences in Mortality From COVID-19 Pandemic. *JACC: Case Reports, 2*(9), 1407-1410. https://doi.org/10.1016/j.jaccas.2020.04.027

Xiong, J., Lipsitz, O., Nasri, F., Lui, L. M. W., Gill, H., Phan, L., Chen-Li, D., Iacobucci, M., Ho, R., Majeed, A., & McIntyre, R. S. (2020). Impact of COVID-19 pandemic on mental health in the general population: A systematic review. *Journal of Affective Disorders, 277,* 55-64. https://doi.org/10.1016/j.jad.2020.08.001

Part 02 코로나 기간에도 행복한 사람들의 특징

코로나 기간 동안 어떤 성격의 사람들이 더 힘들었을까?

Anglim, J., Horwood, S., Smillie, L. D., Marrero, R. J., & Wood, J. K. (2020). Predicting psychological and subjective well-being from personality: A meta-analysis. *Psychological Bulletin, 146*(4), 279-323.

Baumeister, R. F., & Leary, M. R. (1995). The need to belong: Desire for interpersonal attachments as a fundamental human motivation. *Psychological Bulletin, 117*(3), 497 - 529.

Folk, D., Okabe-Miyamoto, K., Dunn, E., & Lyubomirsky, S. (2020). Did social connection decline during the first wave of COVID-19?: The role of extraversion. *Collabra Psychology. 6*(1), 37.

Gupta, K. & Parimal, B. S. (2020). Relationship between personality dimensions and psychological well-being among university students during pandemic lockdown. *Journal of Global Resources, 6*(01a), 10-19.

Liu, S., Lithopoulos, A., Zhang, C. Q., Garcia-Barrera, M. A., & Rhodes, R. E. (2020). Personality and perceived stress during COVID-19 pandemic: Testing the mediating role of perceived threat and efficacy. *Personality and Individual Differences, 168,* 110351.

Margolis, S., & Lyubomirsky, S. (2020). Experimental manipulation of extraverted and introverted behavior and its effects on well-being. *Journal of Experimental Psychology: General, 149*(4), 719 - 731.

Morales-Vives, F., Dueñas, J. M., Vigil-Colet, A., & Camarero-Figuerola, M. (2020). Psychological Variables Related to Adaptation to the COVID-19 Lockdown in Spain. *Frontiers in Psychology, 11,* 2438.

Ryan, R. M., & Deci, E. L. (2000). The darker and brighter sides of human existence: Basic psychological needs as a unifying concept. *Psychological Inquiry, 11*(4), 319 - 338.

Ühoi, J., Kim, N., Kim, J., & Choi, I. (under review). Rise or Fall? Exploring the Changes in Well-Being Between Extraverts and Introverts During the COVID-19 Pandemic.

Weiss, A., King, J. E., & Perkins, L. (2006). Personality and subjective well-being in orangutans (Pongo pygmaeus and Pongo abelii). *Journal of Personality and Social Psychology, 90*(3), 501 - 511.

계층이 행복에 미친 영향

김수련, 김동은, 박철현, 김민아, 심민영, 김창엽, 우석균, 백소영, 조한진희, 강성운, 정석찬, 박한선. (2020). 『포스트 코로나 사회: 팬데믹의 경험과 달라진 세계』. 글항아리.

최인철, 최종안, 김주현, 심예린, 김남희, 이서진, 권유리. (2020). 『대한민국 행복지도 2020: 서울대 행복연구센터의 행복 리포트』. 21세기북스.

Adler, N. E., Boyce, T., Chesney, M. A., Cohen, S., Folkman, S., Kahn, R. L., & Syme, S. L. (1994). Socioeconomic status and health: the challenge of the gradient. *American psychologist, 49*(1), 15-24.

Adler, N. E., Epel, E. S., Castellazzo, G., & Ickovics, J. R. (2000). Relationship of subjective and objective social status with psychological and physiological functioning: Preliminary data in healthy, White women. *Health Psychology, 19*(6), 586–592.

Almeida, D. M. (2005). Resilience and vulnerability to daily stressors assessed via diary methods. *Current Directions in Psychological Science, 14*(2), 64–68.

Anderson, G., Frank, J. W., Naylor, C. D., Wodchis, W., & Feng, P. (2020). Using socioeco-nomics to counter health disparities arising from the covid-19 pandemic. *BMJ, 369*.

Ang, J. P., Dong, F., & Patalinghug, J. (2020). COVID-19: effectiveness of socioeconomic factors in containing the spread and mortality. *International Review of Applied Economics*, 1–24.

Armitage, R., & Nellums, L. B. (2020). COVID-19 and the consequences of isolating the elderly. *The Lancet Public Health, 5*(5), e256.

Bu, F., Steptoe, A., & Fancourt, D. (2020). Loneliness during a strict lockdown: Trajectories and predictors during the COVID-19 pandemic in 38,217 United Kingdom adults. *Social Science & Medicine, 265*, 113521.

Butterworth, P., Rodgers, B., & Windsor, T. D. (2009). Financial hardship, socio-economic position and depression: results from the PATH Through Life Survey. *Social science & medicine, 69*(2), 229–237.

Carter, T. J., & Gilovich, T. (2012). I am what I do, not what I have: The differential centrality of experiential and material purchases to the self. Journal of Personality and *Social Psychology, 102*, 1304.

Case, A., & Deaton, A. (2017). Mortality and morbidity in the 21st century. *Brookings papers on economic activity*, 2017, 397–476.

Choi, J., Catapano, R., & Choi, I. (2017). Taking stock of happiness and meaning in everyday life: An experience sampling approach. *Social Psychological and Personality Science, 8*(6), 641–651.

Chung, H., Fung, K., Ferreira-Legere, L. E., & et al. (2020). *COVID-19 laboratory testing in Ontario: patterns of testing and characteristics of individuals tested, as of April 30, 2020*. Toronto, ON: ICES.

Cuomo, A. (2020, April 1). *This virus is the great equalizer* [Tweet]. Retrieved from https://twitter.com/NYGovCuomo/status/1245021319646904320?s=20

Dunn, E. W., Aknin, L. B., & Norton, M. I. (2014). Prosocial spending and happiness: Using money to benefit others pays off. *Current Directions in Psychological Science*, 23, 41 - 47.

Dunn, E. W., Aknin, L. B., & Norton, M. L. (2008). Spending money on others promotes happiness. *Science, 319*, 1687 - 1688.

Frank, P., Iob, E., Steptoe, A., & Fancourt, D. (2020). Trajectories of depressive symptoms among vulnerable groups in the UK during the COVID-19 pandemic. *medRxiv*.

Gallo, L. C., & Matthews, K. A. (2003). Understanding the association between socioeconomic status and physical health: do negative emotions play a role?. *Psychological bulletin, 129*(1), 10–51.

Helliwell, J. F., Layard, R., Sachs, J. D., & De Neve, J. (2020). *World Happiness Report 2020*. New York: Sustainable Development Solutions Network.

Human Kinetics. (2013). *Introduction to recreation and leisure*. Champaign, IL: Human Ki-netics.

Iob, E., Frank, P., Steptoe, A., & Fancourt, D. (2020). Levels of severity of depressive symptoms among at-risk groups in the UK during the COVID-19 pandemic. *JAMA network open, 3*(10), e2026064–e2026064.

Kahneman, D., & Deaton, A. (2010). High income improves evaluation of life but not emotional well-being. *Proceedings of the National Academy of Sciences, 107*(38), 16489–16493.

Keltner, D., Gruenfeld, D. H., & Anderson, C. (2003). Power, approach, and inhibition. *Psychological review, 110*(2), 265–284.

Kraus, M. W., Horberg, E. J., Goetz, J. L., & Keltner, D. (2011). Social class rank, threat vigilance, and hostile reactivity. *Personality and Social Psychology Bulletin, 37*(10), 1376–1388.

Kuhle, S., & Veugelers, P. J. (2008). Why does the social gradient in health not apply to overweight?. *Health Reports, 19*(4), 7–15.

Lorant, V., Deliège, D., Eaton, W., Robert, A., Philippot, P., & Ansseau, M. (2003). Socioeconomic inequalities in depression: a meta-analysis. *American journal of epidemiology, 157*(2), 98–112.

Marmot, M. (2002). The influence of income on health: views of an epidemiologist. *Health affairs, 21*(2), 31–46.

McGinty, E. E., Presskreischer, R., Han, H., & Barry, C. L. (2020). Psychological distress and loneliness reported by US adults in 2018 and April 2020. *Jama, 324*(1), 93–94.

O'Sullivan, T. L., & Phillips, K. P. (2019). From SARS to pandemic influenza: the framing of high-risk populations. *Natural Hazards, 98*(1), 103–117.

Oestergaard, L. B., Schmiegelow, M. D., Bruun, N. E., Skov, R. L., Petersen, A., Andersen, P. S., & Torp-Pedersen, C. (2017). The associations between socioeconomic status and risk of Staphylococcus aureus bacteremia and subsequent endocarditis - a Danish na-tionwide cohort study. *BMC infectious diseases, 17*(1), 589.

Oishi, S., Cha, Y., & Schimmack, U. (2021). The Social Ecology of COVID-19 Cases and Deaths in New York City: The Role of Walkability, Wealth, and Race. *Social Psychological and Personality Science*, 1948550620979259.

Pierce, M., Hope, H., Ford, T., Hatch, S., Hotopf, M., John, A., ... & Abel, K. M. (2020). Mental health before and during the COVID-19 pandemic: a longitudinal probability sample survey of the UK population. *The Lancet Psychiatry, 7*(10), 883–892.

Smeets, P., Whillans, A., Bekkers, R., & Norton, M. I. (2020). Time use and happiness of mil-lionaires: Evidence from the Netherlands. *Social Psychological and Personality Sci-ence, 11*(3), 295–307.

Tan, J. J., Kraus, M. W., Carpenter, N. C., & Adler, N. E. (2020). The association between objective and subjective socioeconomic status and subjective well-being: A meta-analytic review. *Psychological Bulletin, 146*(11), 970.

Theodossiou, I., & Zangelidis, A. (2009). The social gradient in health: The effect of absolute income and subjective social status assessment on the individual's health in Europe. *Economics & Human Biology, 7*(2), 229–237.

Valtorta, N. K., & Hanratty, B. (2013). Socioeconomic variation in the financial consequences of ill health for older people with chronic diseases: a systematic review. *Maturitas, 74*(4), 313–333.

Van Boven, L., & Gilovich, T. (2003). To do or to have? That is the question. *Journal of personality and social psychology, 85*, 1193.

Wright, L., Steptoe, A., & Fancourt, D. (2020). Are we all in this together? Longitudinal assessment of cumulative adversities by socioeconomic position in the first 3 weeks of lockdown in the UK. *J Epidemiol Community Health, 74*(9), 683–688.

코로나 기간에도 행복을 지킨 사람들의 비결

Barari, S., Caria, S., Davola, A., Falco, P., Fetzer, T., Fiorin, S., Hensel, L., Ivchenko, A., Jachimowicz, J., King, G., Kraft-Todd, G., Ledda, A., MacLennan, M., Mutoi, L., Pagani, C., Reutskaja, E., & Slepoi, F. R. (2020). Evaluating COVID-19 Public Health Messaging in Italy: Self-Reported Compliance and Growing Mental Health Concerns. *medRxiv*. http://medrxiv.org/content/early/2020/04/05/2020.03.27.20042820.abstract

Bish, A., & Michie, S. (2010). Demographic and attitudinal determinants of protective behaviours during a pandemic: A review. *British Journal of Health Psychology, 15*(4), 797–824. https://doi.org/10.1348/135910710X485826

Brooks, S. K., Webster, R. K., Smith, L. E., Woodland, L., Wessely, S., Greenberg, N., & Rubin, G. J. (2020, 2020/03/14/). The psychological impact of quarantine and how to reduce it: rapid review of the evidence. *The Lancet, 395*(10227), 912–920. https://doi.org/10.1016/S0140-6736(20)30460-8

Cao, W., Fang, Z., Hou, G., Han, M., Xu, X., Dong, J., & Zheng, J. (2020). The psychological impact of the COVID-19 epidemic on college students in China. *Psychiatry Research*, 112934.

Carver, C. S., & Scheier, M. F. (2012). *Attention and self-regulation: A control-theory approach to human behavior*. Springer Science & Business Media.

Carver, C. S., Scheier, M. F., & Weintraub, J. K. (1989). Assessing coping strategies: A theoretically based approach. *Personality and Social Psychology, 56*(2), 267–283. https://doi.org/10.1037/0022-3514.56.2.267

Chew, Q. H., Wei, K. C., Vasoo, S., Chua, H. C., & Sim, K. (2020). Narrative synthesis of psychological and coping responses towards emerging infectious disease outbreaks in the general population: practical considerations for the COVID-19 pandemic. *Singapore Medical Journal, 20*(1), Advance online publication. https://doi.org/10.1007/s00366-004-0279-1

Ferguson, N. M., Laydon, D., Nedjati-Gilani, G., Imai, N., Ainslie, K., Baguelin, M., Bhatia, S., Boonyasiri, A., Cucunubá, Z., Cuomo-Dannenburg, G., Dighe, A., Dorigatti, I., Fu, H., Gaythorpe, K., Green, W., Hamlet, A., Hinsley, W., Okell, L. C., Van Elsland, S., ··· Ghani, A. C. (2020). Impact of non-pharmaceutical interventions (NPIs) to reduce COVID-19 mortality and healthcare demand. Imperial College COVID-19 Response Team (Report No. 9). https://doi.org/10.25561/77482

Fiorillo, A., & Gorwood, P. (2020). The consequences of the COVID-19 pandemic on mental health and implications for clinical practice. *European Psychiatry, 63*(1), e32, Article e32. https://doi.org/10.1192/j.eurpsy.2020.35

Folkman, S., & Lazarus, R. S. (1980). An Analysis of Coping in a Middle-Aged Community Sample. *Journal of Health and Social Behavior, 21*(3), 219–239. https://doi.org/10.2307/2136617

Gross, J. J. (2015). The Extended Process Model of Emotion Regulation: Elaborations, Applications, and Future Directions. *Psychological Inquiry, 26*(1), 130–137. https://doi.org/10.1080/1047840X.2015.989751

Holmes, E. A., O'Connor, R. C., Perry, V. H., Tracey, I., Wessely, S., Arseneault, L., Ballard, C., Christensen, H., Cohen Silver, R., Everall, I., Ford, T., John, A., Kabir, T., King, K., Madan, I., Michie, S., Przybylski, A. K., Shafran, R., Sweeney, A., Worthman, C. M., Yardley, L., Cowan, K., Cope, C., Hotopf, M., & Bullmore, E. (2020). Multidisciplinary research priorities for the COVID-19 pandemic: a call for action for mental health science. *The Lancet Psychiatry, 7*(6), 547-560. https://doi.org/10.1016/S2215-0366(20)30168-1

Kim, H. S., Sherman, D. K., & Taylor, S. E. (2008). Culture and social support. *American Psychologist, 63*(6), 518-526. https://doi.org/https://doi.org/10.1037/0003-066X

Kim, J. H., Shim, Y., Choi, I., & Choi, E. (2021). The Role of Coping Strategies in Maintaining Well-Being During the COVID-19 Outbreak in South Korea. *Social Psychological and Personality Science*, 1948550621990595. https://doi.org/10.1177/1948550621990595

Lazarus, R. S., & DeLongis, A. (1983). Psychological stress and coping in aging. *The American Psychologist, 38*(3), 245 - 254. https://doi.org/10.1037//0003-066x.38.3.245

Lazarus, Richard S., & Folkman, S. (1984). Stress, appraisal, and coping. Springer publishing company.

Lee, S. A., Jobe, M. C., Mathis, A. A., & Gibbons, J. A. (2020). Incremental validity of coronaphobia: Coronavirus anxiety explains depression, generalized anxiety, and death anxiety. *Journal of anxiety disorders, 74*, 102268. https://doi.org/10.1016/j.janxdis.2020.102268

Liang, M., Gao, L., Cheng, C., Zhou, Q., Uy, J. P., Heiner, K., & Sun, C. (2020). Efficacy of face mask in preventing respiratory virus transmission: A systematic review and meta-analysis. *Travel medicine and infectious disease, 36*, https://doi.org/10.1016/j.tmaid.2020.101751

Morling, B., & Evered, S. (2006). Secondary control reviewed and defined. *Psychological Bulletin, 132*(2), 269-296. https://doi.org/10.1037/0033-2909.132.2.269

Morrison, L. G., & Yardley, L. (2009). What infection control measures will people carry out to reduce transmission of pandemic influenza? A focus group study. *BMC Public Health, 9*, 1-11. https://doi.org/10.1186/1471-2458-9-258

Rubin, G. J., Amlôt, R., Page, L., & Wessely, S. (2009). Public perceptions, anxiety, and behaviour change in relation to the swine flu outbreak: Cross sectional telephone survey. *BMJ, 1-8*. https://doi.org/10.1136/bmj.b2651

Ryan, R. M., & Deci, E. L. (2000). Self-determination theory and the facilitation of intrinsic motivation, social development, and well-being. *American psychologist, 55*(1), 68-78.

Shiota, M. N., & Levenson, R. W. (2012). Turn down the volume or change the channel? Emotional effects of detached versus positive reappraisal. *Journal of Personality and Social Psychology, 103*(3), 416-429. https://doi.org/10.1037/a0029208

Tang, C. S. K., & Wong, C. Y. (2004). Factors influencing the wearing of facemasks to prevent the severe acute respiratory syndrome among adult Chinese in Hong Kong. *Preventive Medicine, 39*(6), 1187-1193. https://doi.org/10.1016/j.ypmed.2004.04.032

Tennen, H., & Affleck, G. (2002). Benefit-finding and benefit-reminding. In *Handbook of positive psychology*. (pp. 584-597). Oxford University Press.

Thoits, P. A. (1995). Stress, Coping, and Social Support Processes: Where Are We? What Next? *Journal of Health and Social Behavior*, 53-79. https://doi.org/10.2307/2626957

Vindegaard, N., & Benros, M. E. (2020). COVID-19 pandemic and mental health consequences: Systematic review of the current evidence. *Brain, behavior, and immunity, 89*, 531-542. https://doi.org/10.1016/j.bbi.2020.05.048

코로나가 던지는 위험한 질문, 타인은 득일까? 해일까?

김규식. (2021, 1, 21). 원격근무는 대세…日 최대 광고사 덴쓰, 사옥 3조원대 매각 검토. 매일경제. https://www.mk.co.kr/news/world/view/2021/01/67916/에서 2021.01.27. 인출.

뉴스1. (2020, 9, 4). 코로나19의 아이러니…'저녁이 있는 삶, 집콕 취미 열풍'. 동아일보. https://www.donga.com/news/Society/article/all/20200904/102788150/1에서 2021.02.01. 인출.

Bae, S. Y., & Chang, P. J. (2020). The effect of coronavirus disease-19 (COVID-19) risk perception on behavioural intention towards 'untact'tourism in South Korea during the first wave of the pandemic (March 2020). *Current Issues in Tourism*, 1-19.

Baumeister, R. F., & Leary, M. R. (1995). The need to belong: desire for interpersonal attachments as a fundamental human motivation. *Psychological Bulletin, 117*(3), 497-529.

Bastiampillai, T., Allison, S., & Chan, S. (2013). Is depression contagious? The importance of social networks and the implications of contagion theory. *Australian & New Zealand Journal of Psychiatry, 47*(4), 299-303.

Bekele, T., Rourke, S. B., Tucker, R., Greene, S., Sobota, M., Koornstra, J., ... & Positive Spaces Healthy Places Team. (2013). Direct and indirect effects of perceived social support on health-related quality of life in persons living with HIV/AIDS. *AIDS Care, 25*(3), 337–346.

Bojanowska, A., Kaczmarek, Ł. D., Kościelniak, M., & Urbańska, B. (2020). Values and well-being change amidst the COVID-19 pandemic in Poland. *PsyArXiv*.

Brynjolfsson, E., Horton, J. J., Ozimek, A., Rock, D., Sharma, G., & TuYe, H. Y. (2020). COVID-19 and remote work: An early look at US data (No. w27344). *National Bureau of Economic Research*.

Christakis, N. A., & Fowler, J. H. (2007). The spread of obesity in a large social network over 32 years. *New England Journal of Medicine, 357*(4), 370–379.

Diener, E. (1977). Deindividuation: Causes and consequences. *Social Behavior & Personality: an International Journal, 5*(1). 143–155

D'Onofrio Jr, L. E., Buono, F. D., & Cooper, M. A. (2021). Cohabitation COVID-19 Transmission Rates in a United States Suburban Community: a retrospective study of familial infections. *Public Health*. Advance online publication

Duari, P., & Sia, S. K. (2013). Importance of happiness at workplace. *Indian Journal of Positive Psychology, 4*(3), 453–456.

Flack, J. C., & D'Souza, R. M. (2014). The digital age and the future of social network science and engineering. *Proceedings of the IEEE, 102*(12), 1873–1877.

Griffith, J. M., Young, J. F., & Hankin, B. L. (2019). Longitudinal associations between positive affect and relationship quality among children and adolescents: Examining patterns of co-occurring change. *Emotion*. Advance online publication.

Hämmig, O. (2017). Health and well-being at work: The key role of supervisor support. *SSM–Population Health, 3*, 393–402.

Hektner, J. M., Schmidt, J. A., & Csikszentmihalyi, M. (2007). Experience sampling method: Measuring the quality of everyday life. Thousand Oaks, CA: Sage.

Holt-Lunstad, J., Smith, T. B., & Layton, J. B. (2010). Social relationships and mortality risk: a meta-analytic review. *PLoS Medicine, 7*(7), e1000316.

Jmour, A. (2020)). 《Man-Machine》 Interaction: The Determinants of the Untact Service's Use. In International Conference on Digital Economy (pp. 105–114). Springer, Cham.

Judge, T. A., & Watanabe, S. (1993). Another look at the job satisfaction-life satisfaction relationship. *Journal of Applied Psychology, 78*(6), 939.

Kniffin, K. M., Narayanan, J., Anseel, F., Antonakis, J., Ashford, S. P., Bakker, A. B., ... & Vugt, M. V. (2021). COVID-19 and the workplace: Implications, issues, and insights for future research and action. *American Psychologist, 76*(1), 63–77.

Lee, S.S., Shim, Y., Choi, J., & Choi, I. (under review) Social relationships as a surprising psychological remedy during the COVID-19 pandemic.

Mullen, B., Johnson, C., & Salas, E. (1991). Productivity loss in brainstorming groups: A meta-analytic integration. *Basic and Applied Social Psychology, 12*(1), 3–23.

Murray, D. R., Fessler, D. M., Kerry, N., White, C., & Marin, M. (2017). The kiss of death: Three tests of the relationship between disease threat and ritualized physical contact within traditional cultures. *Evolution and Human Behavior, 38*(1), 63–70.

Oswald, A. J., Proto, E., & Sgroi, D. (2015). Happiness and productivity. *Journal of Labor Economics, 33*(4), 789–822.

Park, Y. J., Choe, Y. J., Park, O., Park, S. Y., Kim, Y. M., Kim, J., ... & COVID-19 National Emergency Response Center, Epidemiology and Case Management Team. (2020). Contact tracing during coronavirus disease outbreak, South Korea, 2020. *Emerging Infectious Diseases, 26*(10), 2465–2468.

Shanock, L. R., & Eisenberger, R. (2006). When supervisors feel supported: Relationships with subordinates' perceived supervisor support, perceived organizational support, and performance. *Journal of Applied psychology, 91*(3), 689–695.

Simon, L. S., Judge, T. A., & Halvorsen-Ganepola, M. D. (2010). In good company? A multi-study, multi-level investigation of the effects of coworker relationships on employee well-being. *Journal of Vocational Behavior, 76*(3), 534–546.

Spitzberg, B. H., & Cupach, W. R. (Eds.). (2013). The dark side of close relationships. Routledge.

Suk, H. W., Choi, E., Na, J., Choi, J., & Choi, I. (2020). Within-person day-of-week effects on affective and evaluative/cognitive well-being among Koreans. *Emotion. Advance online publication*.

UCLA Health(2016, Fall), Lonely Planet. https://www.uclahealth.org/u-magazine/lonely-planet에서 2021.01.28. 인출.

Xiong, J., Lipsitz, O., Nasri, F., Lui, L. M., Gill, H., Phan, L., ... & McIntyre, R. S. (2020). Impact of COVID-19 pandemic on mental health in the general population: A systematic review. *Journal of Affective Disorders, 277*(1), 55–64

Zimbardo, P. G. (1969). The human choice: Individuation, reason, and order versus deindividuation, impulse, and chaos. In Nebraska symposium on motivation. University of Nebraska press.

Zimet, G. D., Powell, S. S., Farley, G. K., Werkman, S., & Berkoff, K. A. (1990). Psychometric characteristics of the multidimensional scale of perceived social support. *Journal of Personality Assessment, 55*(3-4), 610-617.

Part 03 코로나로 밝혀낸 우리 사회의 비밀

입국 금지의 심리학

김성휘 외. (2020, 4, 21). 'K-방역 세계를 구한다', 진단키트 다음은 마스크 외교. the 300. https://m.the300.mt.co.kr/view. html?no=2020042015437644280

뉴시스. (2020, 3, 1). 외교부, 베트남대사 초치해 '긴급 회항' 엄중 항의. 동아닷컴. https://www.donga.com/news/Politics/article/all/20200301/99948698/1

윤희훈. (2020, 2, 24). 한국인 입국 금지·제한 15국으로 늘어... 우한 코로나에 한국 고립 심화. 조선일보. https://www.chosun.com/site/data/html_dir/2020/02/24/2020022402164.html

이소라. (2020, 6, 18). "마스크 착용" 요청에...흑인에 폭행 당한 한국인 알바생. 한국일보. https://www.hankookilbo.com/News/Read/202006181505019738

이한수. (n.d.). 美 77명 코로나로 숨질 때, 베트남은 0.04명... 선진국 허상 드러났다. 조선일보. https://www.chosun.com/culture-life/culture_general/2020/12/01/XYPJJLDIGVA3HGWOEUSGURMCDA/

임철영. (2020, 12, 26). 높아지는 국경 문턱...코로나 확산·변종 공포, 한국發 입국 금지 다시 54개국으로. 아시아경제. https://www.asiae.co.kr/article/2020122418535420469

황준범. (2020, 2, 26). 한국도 입국 금지 포함되나...트럼프, 오늘 '코로나19 회견'. 한겨레. ttp://www.hani.co.kr/arti/international/international_general/930025.html

Biddlestone, M., Green, R., & Douglas, K. (2020). Cultural orientation, powerlessness, belief in conspiracy theories, and intentions to reduce the spread of COVID-19. *British Journal of Social Psychology. 59*(3), 663-673. https://doi.org/10.1111/bjso.12397

Casey, D. (2019, 10, 22). *Tourism appetite drives Vietnam −South Korea capacity growth*. Routes Online. https://www.routesonline.com/news/29/breaking-news/287056/tourism-appetite-drives-vietnam-south-korea-capacity-growth/

Faulkner, J., Schaller, M., Park, J. H., & Duncan, L. A. (2004). Evolved disease-avoidance mechanisms and contemporary xenophobic attitudes. *Group Processes & Intergroup Relations, 7*(4), 333-353. https://doi.org/10.1177/1368430204046142

Fincher, C. L., Thornhill, R., Murray, D. R., & Schaller, M. (2008). Pathogen prevalence predicts human cross-cultural variability in individualism/collectivism. *Proceedings of the Royal Society B: Biological Sciences, 275*(1640), 1279-1285. https://doi.org/10.1098/rspb.2008.0094

Gangestad, S. W., & Buss, D. M. (1993). Pathogen prevalence and human mate preferences. *Ethology and Sociobiology, 14*(2), 89-96. doi:10.1016/0162-3095(93)90009-7

Gelfand, M. J., Bhawuk, D. P., Nishii, L. H., & Bechtold, D. J. (2004). Individualism and collectivism. In House, R. J., Hanges, P. J., Javidan, M., Dorfman, P. W., Gupta, V. (Eds.) *Culture, leadership, and organizations: The GLOBE study of 62 Societies*, (pp. 437-512). SAGE Publications.

Horton, W. (2020, 2, 29). Banned 20 minutes after departure, Asiana Airlines flight returns to Seoul over Vietnam's coronavirus fears. *Forbes*. https://www.forbes.com/sites/willhorton1/2020/02/29/banned-20-minutes-after-departure-asiana-airlines-flight-returns-to-seoul-over-vietnams-coronavirus-fears/

Hurtado, A. M., Frey, M. A., Hurtado, I., Hill, K. R., & Baker, J. (2008). The role of helminthes in human evolution. In S. Elton & P. O'higgins (Eds.), *Medicine and evolution: Current applications, future prospects* (pp. 153-180). CRC Press.

Huynh, H. (2020, 2, 6). Vietnam ranked seventh among the world's 20 fastest growing travel destinations. *Vietnam Insider*. https://vietnaminsider.vn/vietnam-ranked-seventh-among-the-worlds-20-fastest-growing-travel-destinations/

Kim, S. (2020, 2, 24). South Korea faces onslaught of travel restrictions. Korea *JoongAng Daily*. http://koreajoongangdaily.joins.com/news/article/article.aspx?aid=3074221

Lee, S. (2020, 2, 24). Six countries announce entry ban on S. Koreans over COVID-19 fears. *arirang*. http://www.arirang.com/News/News_View.asp?sys_lang=Eng&nseq=253019

Murray, D. R., & Schaller, M. (2010). Historical prevalence of infectious diseases within 230 geopolitical regions: A tool for investigating origins of culture. *Journal of Cross-Cultural Psychology, 41*(1), 99-108. https://doi.org/10.1177/0022022109349510

Murray, D. R., Trudeau, R., & Schaller, M. (2011). On the origins of cultural differences in conformity: Four tests of the pathogen prevalence hypothesis. *Personality and Social Psychology Bulletin, 37*(3), 318 - 329. https://doi.org/10.1177/0146167210394451

Navarrete, C. D., & Fessler, D. M. (2006). Disease avoidance and ethnocentrism: The effects of disease vulnerability and disgust sensitivity on intergroup attitudes. *Evolution and Human Behavior, 27*(4), 270–282. https://doi.org/10.1016/j.evolhumbehav.2005.12.001

Navarrete, C. D., & Fessler, D. M. (2006). Disease avoidance and ethnocentrism: The effects of disease vulnerability and disgust sensitivity on intergroup attitudes. *Evolution and Human Behavior, 27*(4), 270–282. https://doi.org/10.1016/j.evolhumbehav.2005.12.001

Oishi, S., Schimmack, U., Diener, E., & Suh, E. M. (1998). The Measurement of Values and Individualism–Collectivism. *Personality and Social Psychology Bulletin, 24*(11), 1177 - 1189. https://doi.org/10.1177/01461672982411005

Pham, N. C., Li, Y., Schapsis, C., Hossain, T., Pham, H. H., Fischer, D., & Yang, J. (2020). Intrinsic cultural factors that helped Vietnam overcome the Covid-19 pandemic compared with other countries. *Asia Pacific Journal of Health Management, 15*(3), 7. https://doi.org/10.24083/apjhm.v15i3.425

Sands, G. (2020, 2, 8). *Global Entry to stay banned for NY until state grants access to DMV database, says DHS secretary*. CNN. https://edition.cnn.com/2020/02/07/politics/global-entry-new-york-chad-wolf/index.html

Tai, C. (2019, 1, 14). Why are so many South Korean tourists visiting Vietnam?. *This Week In Asia*. https://www.scmp.com/week-asia/society/article/2181741/why-are-so-many-south-korean-tourists-visiting-vietnam

World Health Organization. (2020, 1, 30). *Statement on the second meeting of the International Health Regulations* (2005) *Emergency Committee regarding the outbreak of novel coronavirus* (2019-nCoV). https://www.who.int/news/item/30-01-2020-statement-on-the-second-meeting-of-the-international-health-regulations-(2005)-emergency-committee-regarding-the-outbreak-of-novel-coronavirus-(2019-nCoV)

World Health Organization. (n.d.). *WHO coronavirus diseases (COVID-19) dashboard*. https://covid19.who.int/

World Trade Organization. (2020, 4, 8). *Trade set to plunge as COVID-19 pandemic upends global economy*. https://www.wto.org/english/news_e/pres20_e/pr855_e.htm

왜 어떤 나라의 확진자 수는 계속해서 늘어나는 것일까?

강경민. (2020, 3, 1). 美·유럽 보건당국, 마스크 착용 권장 안하지만…. 한국경제. https://www.hankyung.com/international/article/2020030167011.

김수진. (2020, 12, 23). "마스크 불태우자"…미국서 코로나 봉쇄 반대시위 다시 등장. mbc 뉴스. https://imnews.imbc.com/news/2020/world/article/5983299_32640.html.

김은경. (2020, 12, 21). 코로나 사망 2위 브라질 해변에선…여전히 '노 마스크' 북새통. 조선일보. https://www.chosun.com/international/mideast-africa-latin/2020/12/21/XYN34RK2HNGNXLJDGRMW5FFBFM/.

김진방. (2020, 1, 27). '우한서 빠져나간 500만명' 어디로?…한국행 6천430명. 연합뉴스. https://www.yna.co.kr/view/AKR20200127016200083.

김현지. (2020. 11, 3). 슬로바키아, 봉쇄보다 '전국민 코로나 검사'…2일만에 360만명 검사. 머니투데이. https://news.mt.co.kr/mtview.php?no=2020110308115427146

방성훈. (2020, 7, 15). 뒤늦게 깨달은 마스크의 중요성…유럽, 착용 의무화 '뒷북'. 이데일리. https://www.edaily.co.kr/news/read?newsId=02168086625834848&mediaCodeNo=257

조아라. (2020, 12, 30). 싱가포르 코로나 백신 접종 시작…"아시아 최초". 아주경제. https://www.ajunews.com/view/20201230135223153

주 슬로바키아 대사관. (2020, 10, 19). 슬로바키아 정부의 코로나19 관련 동향(전국민 항원검사 추진). 주 슬로바키아 대한민국 대사관. https://overseas.mofa.go.kr/sk-ko/brd/m_8146/view.do?seq=1346023

Betsch, C., Korn, L., Sprengholz, P., Felgendreff, L., Eitze, S., Schmid, P., & Böhm, R. (2020). Social and behavioral consequences of mask policies during the COVID-19 pandemic. *Proceedings of the National Academy of Sciences, 117*(36), 21851–21853. https://doi.org/10.1073/pnas.2011674117.

Bradley, J. (2020, 4, 9). In Scramble for Coronavirus Supplies, Rich Countries Push Poor Aside. *The New York Times*. https://www.nytimes.com/2020/04/09/world/coronavirus-equipment-rich-poor.html.

Borges, A. (2020, 4, 6). 'A little flu': Brazil's Bolsonaro playing down coronavirus crisis. *Euronews*. https://www.euronews.com/2020/04/06/a-little-flu-brazil-s-bolsonaro-playing-down-coronavirus-crisis

Bosman, J., Tavernise, S., & Baker, M. (2020, 4, 23). Why These Protesters Aren't Staying Home for Coronavirus Orders. *The New York Times*. https://www.nytimes.com/2020/04/23/us/coronavirus-protesters.html

Chaudhry, R., Dranitsaris, G., Mubashir, T., Bartoszko, J., & Riazi, S. (2020). A country level analysis measuring the impact of government actions, country preparedness and socioeconomic factors on COVID-19 mortality and related health outcomes. *EClinicalMedicine, 25*, 100464. https://doi.org/10.1016/j.eclinm.2020.100464

Chua, A. Q., Tan, M. M. J., Verma, M., Han, E. K. L., Hsu, L. Y., Cook, A. R., ... & Legido-Quigley, H. (2020). Health system resilience in managing the COVID-19 pandemic: lessons from Singapore. *BMJ global health, 5*(9), e003317. http://dx.doi.org/10.1136/bmjgh-2020-003317

Detsky, A. S., & Bogoch, I. I. (2020). COVID-19 in Canada: experience and response. *Jama, 324*(8), 734-744. http://doi.org/10.1001/jama.2020.14033

Faulkner, J., Schaller, M., Park, J. H., & Duncan, L. A. (2004). Evolved disease-avoidance mechanisms and contemporary xenophobic attitudes. *Group Processes & Intergroup Relations, 7*(4), 333-353. https://doi.org/10.1177/1368430204046142

Fincher, C. L., Thornhill, R., Murray, D. R., & Schaller, M. (2008). Pathogen prevalence predicts human cross-cultural variability in individualism/collectivism. *Proceedings of the Royal Society B: Biological Sciences, 275*(1640), 1279-1285. https://doi.org/10.1098/rspb.2008.0094

Finnish Government. (2020, 3, 16). *Government, in cooperation with the President of the Republic, declares a state of emergency in Finland over coronavirus outbreak*. https://valtioneuvosto.fi/en/-/10616/hallitus-totesi-suomen-olevan-poikkeusoloissa-koronavirustilanteen-vuoksi

Fischer II, W. A., Hynes, N. A., & Perl, T. M. (2014). Protecting Health Care Workers From Ebola: Personal Protective Equipment Is Critical but Is Not Enough. 161(10), 753-754. https://doi.org/10.7326/m14-1953 %m 25155746

Gelfand, M. J., Jackson, J. C., Pan, X., Nau, D., Dagher, M. M., Lange, P. V., & Chiu, C. Y. (2020). The importance of cultural tightness and government efficiency for understanding covid-19 growth and death rates [Preprint]. PsyArXiv. https://doi.org/10.31234/osf.io/m7f8a.

Gelfand, M. J., Raver, J. L., Nishii, L., Leslie, L. M., Lun, J., Lim, B. C., ... & Aycan, Z. (2011). Differences between tight and loose cultures: A 33-nation study. *Science, 332*(6033), 1100-1104. https://doi.org/10.1126/science.1197754

Government of Canada. (2020, 3, 18). *Canada's COVID-19 Economic Response Plan: Support for Canadians and Business*. https://www.canada.ca/en/department-finance/news/2020/03/canadas-covid-19-economic-response-plan-support-for-canadians-and-businesses.html

Haischer, M. H., Beilfuss, R., Hart, M. R., Opielinski, L., Wrucke, D., Zirgaitis, G., ... & Hunter, S. K. (2020). Who is wearing a mask? Gender-, age-, and location-related differences during the COVID-19 pandemic. *PloS one, 15*(10), e0240785. https://doi.org/10.1371/journal.pone.0240785

Harrington, J. R., & Gelfand, M. J. (2014). Tightness - looseness across the 50 united states. *Proceedings of the National Academy of Sciences, 111*(22), 7990-7995. https://doi.org/10.1073/pnas.1317937111

Hou, C., Chen, J., Zhou, Y., Hua, L., Yuan, J., He, S., ... & Zhang, J. (2020). The effectiveness of quarantine of Wuhan city against the Corona Virus Disease 2019 (COVID-19): A well-mixed SEIR model analysis. *Journal of medical virology. 92*(7), 841-848. https://doi.org/10.1002/jmv.25827

Iacobucci, G. (2020). Covid-19: UK lockdown is "crucial" to saving lives, say doctors and scientists. *BMJ, 368*, m1204. https://doi.org/10.1136/bmj.m1204

Im, H., Ahn, C., Wang, P., & Chen, C. (2020). An Early Examination: Psychological, Health, and Economic Correlates and Determinants of Social Distancing Amidst COVID-19 [Preprint]. PsyArXiv. https://doi.org/10.31234/osf.io/9ravu

Karim, N., Jing, L., Lee, J. A., Kharel, R., Lubetkin, D., Clancy, C. M., ... Ndebwanimana, V. (2021). Lessons Learned from Rwanda: Innovative Strategies for Prevention and Containment of COVID-19. *Annals of Global Health, 87*(1), 23. http://doi.org/10.5334/aogh.3172

Kraay, A., Kaufmann, D., & Mastruzzi, M. (2010). *The worldwide governance indicators: methodology and analytical issues*. The World Bank. https://doi.org/10.1596/1813-9450-5430

Liang, L. L., Tseng, C. H., Ho, H. J., & Wu, C. Y. (2020). Covid-19 mortality is negatively associated with test number and government effectiveness. *Scientific reports, 10*(1), 1-7. https://doi.org/10.1038/s41598-020-68862-x

Mbow, M., Lell, B., Jochems, S. P., Cisse, B., Mboup, S., Dewals, B. G., ... & Yazdanbakhsh, M. (2020). COVID-19 in Africa: Dampening the storm?. *Science, 369*(6504), 624-626. http://doi.org/10.1126/science.abd3902

McKelvey, T. (2020, 7, 20). Coronavirus: Why are Americans so angry about masks?. *BBC News*. https://www.bbc.com/news/world-us-canada-53477121

Murray, D., & Schaller, M. (2010). Historical Prevalence of Infectious Diseases Within 230 Geopolitical Regions: A Tool for Investigating Origins of Culture. *Journal of Cross-Cultural Psychology. 41*(1). 99-108. http://doi.org/10.1177/0022022109349510

Nédélec, Y., Sanz, J., Baharian, G., Szpiech, Z. A., Pacis, A., Dumaine, A., ... & Barreiro, L. B. (2016). Genetic ancestry and natural selection drive population differences in immune responses to pathogens. *Cell, 167*(3), 657-669. https://doi.org/10.1016/j.cell.2016.09.025

Park, J. H., Schaller, M., & Crandall, C. S. (2007). Pathogen-avoidance mechanisms and the stigmatization of obese people. *Evolution and Human Behavior, 28*(6), 410-414. https://doi.org/10.1016/j.evolhumbehav.2007.05.008

Pedersen, M. J., & Favero, N. (2020), Social Distancing during the COVID-19 Pandemic: Who Are the Present and Future Noncompliers?. *Public Administration Review, 80*, 805-814. https://doi.org/10.1111/puar.13240

Peeri, N. C., Shrestha, N., Rahman, M. S., Zaki, R., Tan, Z., Bibi, S., ... & Haque, U. (2020). The SARS, MERS and novel coronavirus (COVID-19) epidemics, the newest and biggest global health threats: what lessons have we learned?. *International journal of epidemiology, 49*(3), 717-726. https://doi.org/10.1093/ije/dyaa033

Pelto, P. J. (1968). The differences between "tight" and "loose" societies. *Trans-action, 5*(5), 37-40.

Schaller, M., & Murray, D. R. (2008). Pathogens, personality, and culture: disease prevalence predicts worldwide variability in sociosexuality, extraversion, and openness to experience. *Journal of personality and social psychology, 95*(1), 212. https://doi.org/10.1037/0022-3514.95.1.212

Stats NZ. (2020, 9, 17). *Gross domestic product: June 2020 quarter*. https://www.stats.govt.nz/information-releases/gross-domestic-product-june-2020-quarter

Taylor, L. (2020). Uruguay is winning against covid-19. This is how. *BMJ, 370*, m3575. https://doi.org/10.1136/bmj.m3575

Uz, I. (2015). The index of cultural tightness and looseness among 68 countries. *Journal of Cross-Cultural Psychology, 46*(3), 319-335. https://doi.org/10.1177/0022022114563611

Van Bavel, J. J., Baicker, K., Boggio, P. S., Capraro, V., Cichocka, A., Cikara, M., ... & Drury, J. (2020). Using social and behavioural science to support COVID-19 pandemic response. *Nature Human Behaviour, 4*(5), 460-471. https://doi.org/10.1038/s41562-020-0884-z

Weyers, S., Dragano, N., Möbus, S., Beck, E. M., Stang, A., Möhlenkamp, S., ... & Siegrist, J. (2008). Low socio-economic position is associated with poor social networks and social support: results from the Heinz Nixdorf Recall Study. *International Journal for Equity in Health, 7*(1), 13. https://doi.org/10.1186/1475-9276-7-13

World Bank. (n.d.). GDP per capita (current US$). *World Bank Open Data*. https://data.worldbank.org/indicator/ny.gdp.pcap.cd?most_recent_value_desc=true

World Bank. (n.d.). *Worldwide Governance Indicators*. http://info.worldbank.org/governance/wgi/

Yamey, G., & Gonsalves, G. (2020). Donald Trump: a political determinant of covid-19. *BMJ, 369*. m1643. https://doi.org/10.1136/bmj.m1643

Zong, K. S., Choi, Y., Jeong, J., & Choi, I. (2020). Once Bitten, Twice Shy: Historical Pathogen Prevalence Predicts Entry Bans During COVID-19. Under review.

코로나가 강화시킨 집단주의적 가치

안용성, 윤지로, 배민영. (2020, 3, 23). 코로나19로 '혐중' 확산…"공포 분출구 찾는 심리" [한국형 외국인 혐오 보고서]. 세계일보 http://www.segye.com/newsView/20200322508814에서 2021, 2, 24일 인출.

이희영, 신애선, 정재훈, 황승식, 강효림, 김상준, 김지나, 박지현, 정웅기, 정현욱 (2020. 6). 유럽의 COVID-19 유행 상황과 대응 연구보고서. 서울: 정책기획위원회.

An, B. Y., & Tang, S. Y. (2020). Lessons from COVID-19 responses in East Asia: Institutional infrastructure and enduring policy instruments. *The American Review of Public Administration, 50*(6-7), 790-800.

Chaudhry, R., Dranitsaris, G., Mubashir, T., Bartoszko, J., & Riazi, S. (2020). A country level analysis measuring the impact of government actions, country preparedness and socioeconomic factors on COVID-19 mortality and related health outcomes. *EClinicalMedicine, 25*, 100464.

Fincher, C. L., Thornhill, R., Murray, D. R., & Schaller, M. (2008). Pathogen prevalence predicts human cross-cultural variability in individualism/collectivism. *Proceedings of the Royal Society B: Biological Sciences, 275*(1640), 1279-1285.

Hofstede, G., & Minkov, M. (2010). Long-versus short-term orientation: new perspectives. *Asia Pacific business review, 16*(4), 493-504.

Kim, N., Suk, H. W., Choi, E., Choi, J., Kim, JH., Kim, S., & Choi, I. (under review). Individualism–Collectivism during the COVID–19 pandemic: A field study testing the pathogen stress hypothesis of individualism–collectivism in Korea.

Murray, D. R., & Schaller, M. (2010). Historical prevalence of infectious diseases within 230 geopolitical regions: A tool for investigating origins of culture. *Journal of Cross-Cultural Psychology, 41*(1), 99–108.

Nikolaev, B., & Salahodjaev, R. (2017). Historical prevalence of infectious diseases, cultural values, and the origins of economic institutions. *Kyklos, 70*(1), 97–128.

Schaller, M. (2011). The behavioural immune system and the psychology of human sociality. *Philosophical Transactions of the Royal Society B: Biological Sciences, 366*(1583), 3418–3426.

Thornhill, R. and Fincher, C. L. (2014). *The parasite-stress theory of values and sociality: Infectious disease, history and human values worldwide*. Springer.

Triandis, H. C., & Gelfand, M. J. (1998). Converging measurement of horizontal and vertical individualism and collectivism. *Journal of personality and social psychology, 74*(1), 118–128.

WHO (2021, 2, 23). WHO Coronavirus Disease (COVID–19) Dashboard. https://covid19.who.int에서 2021, 2, 23일 인출.

KI신서 9632

서울대 행복연구센터의 행복 리포트

대한민국 행복지도 2021

1판 1쇄 인쇄 2021년 4월 12일

1판 1쇄 발행 2021년 4월 26일

지은이 서울대학교 행복연구센터

펴낸이 김영곤 **펴낸곳** ㈜북이십일 21세기북스

출판사업부문 이사 정지은 **인문기획팀** 양으녕 최유진 **디자인** ALL design group

마케팅팀 배상현 이나영 한경화 김신우 **영업팀** 김수현 최명열 **제작팀** 이영민 권경민

출판등록 2000년 5월 6일 제406-2003-061호

주소 (10881) 경기도 파주시 회동길 201(문발동)

대표전화 031-955-2100 **팩스** 031-955-2151 **이메일** book21@book21.co.kr

ⓒ 서울대학교 행복연구센터, 2021

ISBN 978-89-509-9475-4 13320

㈜**북이십일** 경계를 허무는 콘텐츠 리더

21세기북스 채널에서 도서 정보와 다양한 영상자료, 이벤트를 만나세요!

페이스북 facebook.com/jiinpill21 **포스트** post.naver.com/21c_editors **유튜브** youtube.com/book21pub

인스타그램 instagram.com/jiinpill21 **홈페이지** www.book21.com

당신의 인생을 빛내줄 명강의! 〈유니브스타〉

유니브스타는 〈서가명강〉과 〈인생명강〉이 함께합니다.

유튜브, 네이버, 팟캐스트에서 '유니브스타'를 검색해보세요!